中华复兴之光
悠久文明历史

纵横水陆交通

牛 月 主编

汕头大学出版社

图书在版编目（CIP）数据

纵横水陆交通 / 牛月主编. -- 汕头：汕头大学出版
社，2016.1（2023.8重印）
　（悠久文明历史）
　ISBN 978-7-5658-2326-8

　Ⅰ. ①纵… Ⅱ. ①牛… Ⅲ. ①交通运输史－中国－古
代 Ⅳ. ①F512.9

中国版本图书馆CIP数据核字(2016)第015176号

纵横水陆交通　　　ZONGHENG SHUILU JIAOTONG

主　　编：牛　月
责任编辑：宋倩倩
责任技编：黄东生
封面设计：大华文苑
出版发行：汕头大学出版社
　　　　　广东省汕头市大学路243号汕头大学校园内　邮政编码：515063
电　　话：0754-82904613
印　　刷：三河市嵩川印刷有限公司
开　　本：690mm×960mm　1/16
印　　张：8
字　　数：98千字
版　　次：2016年1月第1版
印　　次：2023年8月第4次印刷
定　　价：39.80元
ISBN 978-7-5658-2326-8

前　言

　　党的十八大报告指出："把生态文明建设放在突出地位，融入经济建设、政治建设、文化建设、社会建设各方面和全过程，努力建设美丽中国，实现中华民族永续发展。"

　　可见，美丽中国，是环境之美、时代之美、生活之美、社会之美、百姓之美的总和。生态文明与美丽中国紧密相连，建设美丽中国，其核心就是要按照生态文明要求，通过生态、经济、政治、文化以及社会建设，实现生态良好、经济繁荣、政治和谐以及人民幸福。

　　悠久的中华文明历史，从来就蕴含着深刻的发展智慧，其中一个重要特征就是强调人与自然的和谐统一，就是把我们人类看作自然世界的和谐组成部分。在新的时期，我们提出尊重自然、顺应自然、保护自然，这是对中华文明的大力弘扬，我们要用勤劳智慧的双手建设美丽中国，实现我们民族永续发展的中国梦想。

　　因此，美丽中国不仅表现在江山如此多娇方面，更表现在丰富的大美文化内涵方面。中华大地孕育了中华文化，中华文化是中华大地之魂，二者完美地结合，铸就了真正的美丽中国。中华文化源远流长，滚滚黄河、滔滔长江，是最直接的源头。这两大文化浪涛经过千百年冲刷洗礼和不断交流、融合以及沉淀，最终形成了求同存异、兼收并蓄的最辉煌最灿烂的中华文明。

五千年来，薪火相传，一脉相承，伟大的中华文化是世界上唯一绵延不绝的古老文化，并始终充满了生机与活力，其根本的原因在于具有强大的包容性和广博性，并充分展现了顽强的生命力和神奇的文化奇观。中华文化的力量，已经深深熔铸到我们的生命力、创造力和凝聚力中，是我们民族的基因。中华民族的精神，也已深深植根于绵延数千年的优秀文化传统之中，是我们的根和魂。

中国文化博大精深，是中华各族人民五千年来创造、传承下来的物质文明和精神文明的总和，其内容包罗万象，浩若星汉，具有很强文化纵深，蕴含丰富宝藏。传承和弘扬优秀民族文化传统，保护民族文化遗产，建设更加优秀的新的中华文化，这是建设美丽中国的根本。

总之，要建设美丽的中国，实现中华文化伟大复兴，首先要站在传统文化前沿，薪火相传，一脉相承，宏扬和发展五千年来优秀的、光明的、先进的、科学的、文明的和自豪的文化，融合古今中外一切文化精华，构建具有中国特色的现代民族文化，向世界和未来展示中华民族的文化力量、文化价值与文化风采，让美丽中国更加辉煌出彩。

为此，在有关部门和专家指导下，我们收集整理了大量古今资料和最新研究成果，特别编撰了本套大型丛书。主要包括万里锦绣河山、悠久文明历史、独特地域风采、深厚建筑古蕴、名胜古迹奇观、珍贵物宝天华、博大精深汉语、千秋辉煌美术、绝美歌舞戏剧、淳朴民风习俗等，充分显示了美丽中国的中华民族厚重文化底蕴和强大民族凝聚力，具有极强系统性、广博性和规模性。

本套丛书唯美展现，美不胜收，语言通俗，图文并茂，形象直观，古风古雅，具有很强可读性、欣赏性和知识性，能够让广大读者全面感受到美丽中国丰富内涵的方方面面，能够增强民族自尊心和文化自豪感，并能很好继承和弘扬中华文化，创造未来中国特色的先进民族文化，引领中华民族走向伟大复兴，实现建设美丽中国的伟大梦想。

目 录

官道与栈道

车马与轿子

漕粮与漕运

造船与航海

官道与栈道

　　自从人类诞生后，就开始了道路的历史。我们的祖先在极端恶劣的自然环境和十分低下的生产力条件下，为了生存和繁衍，在中华大地上开辟了最早的道路。

　　从夏商周三代开始，经过历朝历代的建设，我国古代的道路发展取得了重大的成就，其中以官道和栈道最为辉煌。

　　我国古代官道和栈道的发展，促进了我国的民族大融合，对形成统一的中华民族具有举足轻重的作用。同时，道路的发展，增进了我国同周边各国的经济与文化交流。

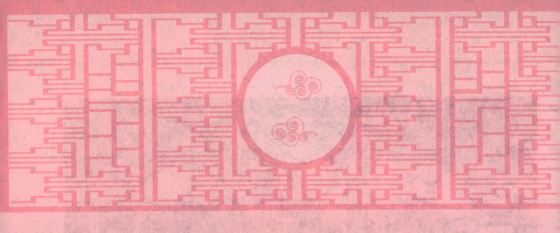

先秦官道与栈道

　　先秦时期是我国古代历史的奴隶制国家时期，在原始社会的基础上，继续有所建树，交通逐渐趋于发达。在历经春秋、战国的时代，官道与栈道也相应臻于稠密，交通道路的布局，显得日新月异，极大地促进了经济发展。

　　先秦时期所形成的交通线已经具有与后来交通线一样的基本功能。功能完备的官道与栈道，可以说是后来交通发展的最原始基础，后世在它的基础上逐渐发展，最终形成了人间畅通的大道。

夏代是我国历史上第一个奴隶制国家，其统辖地域主要在黄河中游一带，周围林立着大大小小的城邦。

夏代城市遗址的考古发掘与研究，不仅表明了当时社会的发展和进步，也表明了城市交通从此成为人们非常关注的话题。

至商代时，朝廷也非常重视道路交通，定时派人修筑护养道路。

就这样，经过夏商两代长期的开拓，至西周时期，可以说我国古代的道路已经初具规模。

在周武王姬发灭商后，除都城镐京外，还根据周公的建议，修建了东都洛邑，以便于控制东方新得到的大片疆土。

为了有效发挥镐京和洛邑两地的政治、经济、文化中心的作用，周武王在两地之间修建了一条宽阔平坦的大道，号称"周道"。并以洛邑为中心，向东、向北、向南、向东南又修建成等级不同的、呈辐射状的道路。

周道不仅是国家交通的中轴线和西周王室的生命线，而且在我国古代交通的发展史上具有重大意义。

西周至唐代的各个朝代的政治经济文化重心，都是在这条轴线上，而且在以后的宋、元、明、清时期，这条交通线也仍然是横贯东西的大动脉。周道在我国经济文化发展的历史上，起了奠基性的作用。西周在道路的规划、标准、管理、养护、绿化，以及沿线的服务性设施方面，也有所创建。

西周把道路分为市区和郊区，前者称为"国中"，后者称为"鄙野"，分别由名为"匠人"和"遂人"的官吏管理，可以说是现代城市道路和公路划分的先河。

城市道路分为经、纬、环、野4种，南北之道谓之经，东西之道谓之纬。都城中各有经纬9条线路，构成棋盘形。道路围城为环，出城为野。经、纬、环、野各规定有不同的宽度，其单位为轨，每轨宽8周尺，每周尺约合现在的20厘米。

郊外道路共分为路、道、涂、畛、径5个等级，并根据其各自的功能规定不同的宽度，类似于现代的技术标准。"路"容乘车3轨，"道"容2轨，"涂"容1轨，"畛"走牛车，"径"为走马的田间小路。

在路政管理上，西周朝廷设有"司空"，掌管土木建筑及道路。而且规定"司空视涂"，即按期视察，及时维护。以上情况，足见西周的道路及管理，已臻相当完善的程度。

东周时期，当时的社会生产力空前发展，农业、手工业与商业都兴盛起来。随着春秋大国争霸，以及后来的"战国七雄"对峙，大规模的经济文化交流、军事外交活动和人员物资聚散，都极大地推动了道路的建设。当时，除了周道继续发挥其中轴线的重要作用外，在其两侧还进一步完善了纵横交错的陆路干线和支线。

这个时期修建的主要道路工程有许多，秦国修筑的著名的褒斜栈道就是其中重要的一项。

秦惠王时，为了克服秦岭的阻隔，打通陕西至四川的道路，开始修筑褒斜栈道。这条栈道起自秦岭北麓眉县西南15千米的斜水谷，到达秦岭南麓褒城县北5千米的褒水河谷，故称"褒斜道"。

这条全长200多千米的栈道，是在峭岩陡壁上凿孔架木，并在其上铺板而成的。除了褒斜道外，以后几百年间还陆续开凿了金牛道、子午道和傥骆道等栈道。

这些工程极其艰巨，人们首先是在岩石上架柴猛烧，然后泼冷水使之炸裂，这就是"火焚水激"的原始方法。然后在崖壁上凿成0.3米见方，0.5米深的孔洞，分上、中、下3排，均插入木桩。

接着，在上排木桩上搭遮雨棚，中排木桩上铺板成路，下排木桩上支木为架。这样建成的栈道，远远望去，就像空中楼阁一般，煞是壮观。西汉史学家司马迁在《史记》中记载："关中南则巴蜀，栈道千里，无所不通，唯褒斜道绾毂其口。"

"绾毂"就是控扼、扼制的意思。褒斜道地处交通要冲之地，战略上为蜀之咽喉，历来为兵家必争之地。

除了秦国修建的褒斜道外，其他诸侯国为了谋求发展，满足军事和经济的需要，也积极修建官道和栈道。

其中重要的道路工程，有楚国经营的从郢都通往新郑的重要通道、晋国打通的穿越太行山的东西孔道、齐鲁两国建设的四通八达的黄淮交通网络、燕国开辟的直达黄河下游和通往塞外的交通线等。

先秦道路建设和栈道的开辟，极大地方便了人们的出行。在这些交通线路上，穿大袖宽袍的中原人，善射箭骑马的戎狄人，居云梦江汉的荆楚人，披长发嬉水的吴越人，喜椎髻歌舞的巴蜀人，来来往往，相互沟通，为各民族的友好往来和最终走向统一打下了基础。

知识点滴

我国交通的形成和发展，远古之时已肇其端倪。新石器时期的人们就已经了解到交通的重要性，对于居住地址，也往往迁就便于交通的地理条件。在生产力相对低下的远古时期，人们多喜居住于河流附近，就是这样的道理。

更有甚者，乃是居住于两条河流交会的地方。比如河南省南召县新石器时期的遗址，就在黄鸭河和白河交汇之处。就是到现在，两河交汇的地方仍然是交通便利的所在。其间的规律远在新石器时期已为人们所发现了。

秦代道路交通网

秦始皇统一全国后，为了加强交通运输，促进经济、文化的交流和发展，下令拆毁以往各国修筑的关塞、堡垒等障碍物，修建了以首都咸阳为中心的驰道。随后他又命令蒙恬率众修筑一条由咸阳向北延伸的直道，以巩固边疆，维护国家的统一。

此外，还在西南山区修筑了"五尺道"。秦代修筑的这些不同等级、各有特征的道路，构成了以咸阳为中心，通达全国的道路网，构成了比较发达的交通系统。

秦统一天下后，为了巩固中华民族的统一，秦始皇采取了一系列措施，"车同轨"就是其中之一。车同轨就是全国车辆使用同一宽度的轨距。

这种"标准化"的要求和方法是很先进的，它适应了秦代全国土木工程和战争等方面长途运输的需要，对道路修建方面提出了更高的要求。

根据"车同轨"的要求，秦始皇派人对战国时期错综复杂的道路加以整修，拆毁关塞、堡垒等障碍物，连接和修建了以秦都咸阳为中心的驰道，形成了以驰道为骨干的四通八达的道路交通网。驰道是供帝王出巡时车马行驶的道路，即御道。这项费时10年的工程，规模十分浩大。

秦代著名的驰道，有今陕西省境内出高陵通上郡的上郡道，过黄河通山西的临晋道，出函谷关通河南、河北、山东的东方道，出今商洛通东南的武关道，出秦岭通四川的栈道，出今陇县通宁夏、甘肃的西方道，出今淳化通九原的直道等。

秦代驰道有统一的质量标准：路面幅宽70米；路基要高出两侧地面，以利排水，并要用铁锤把路面夯实；每隔10米种一株青松，以为行道树；除路中央10米为皇帝专用外，两边还开辟了人行旁道。可以说，这是中国历史上最早的正式的"国道"。

据古书记载，公元前212年至前210年，秦始皇下令修筑一条长约1400千米的直道，命蒙恬、扶苏率20万大军，一面驻守边关，一面修建直道。

直道经鄂尔多斯草原后进入子午岭，沿子午岭主脉由北向南，直至子午岭南端的甘泉山。甘泉山至子午岭一带，森林茂密，鄂尔多斯草原更是野草丛生、湖沼遍布、猛兽蛇虫出没、人迹罕至的地区。

蒙恬经过一年多时间考察，能够修建这样一条直至阴山山脉之下的近路，确是一件不可思议的事情。

子午岭地跨陕西、甘肃两省，处于黄土高原的腹地。是一座高大的山峰，山区面积广，支岭较多，地形复杂，地势险要，扼守着东西

两侧的河谷大道，是兵家必争之地。子午岭的地理位置，决定了直道在防御匈奴族和北方少数民族入侵中很重要的军事地位。

子午岭两侧的河谷大道，即著名的延州道和马莲河道。河谷地带水草丰盛，游牧族来往于河谷大道，因此，它们成为古代北方游牧民族南下的主要通道。

延州道河谷比较狭窄，北方游牧部族南下的时候困难较多，因而往往从马莲河道南下。修筑延州道的目的，主要是防御北方匈奴的侵扰。

马莲河道沿途经过陕甘等省，穿过14个县，直至九原郡，仅仅用了两年半的时间就修筑完毕。建成后的直道宽度一般都在60米左右。其沿途各支线星罗棋布，每条支线都有容纳并排行驶两辆卡车至4辆卡车的宽度。

马莲河道正式使用以后，秦始皇的骑兵从云阳林光宫出发，三天三夜即可驰抵阴山脚下，出击匈奴。

另外还有一条道路，在马莲河道之西，六盘山下的肖关道。这条道路比较平坦，附近的水草也比较丰盛，更利于骑兵活动。

　　秦直道是一条类似今天的高速公路。秦代以后，直道仍然发挥着重要的作用。西汉时期不仅积极利用秦时所修的直道防御匈奴南犯，而且对于直道的维护也曾下了一番功夫。

　　据《汉书·地理志》记载，当时西汉在北地郡新增了直路县和除道县，这两县分别设在子午岭段直道的南北两端，显然是为了加强对直道的控制。

　　除了驰道、直道而外，秦始皇还在西南山区修筑了"五尺道"。五尺道又称"滇僰古道"，是连接云南与内地的最古老的官道，为连接川滇汉人与古僰人修建的。

　　秦始皇统一中国后，为了有效地控制在夜郎、滇等地设立的郡县，秦始皇派了一位名叫常頞的人率众筑路，这条路就是历史上有名的"五尺道"。

　　常頞开通的五尺道虽宽5尺，但由于沿途山势太险，凿通实在不易。当时尚未发明炸药，只能采用"火焚水激"的原始方法。

五尺道北起宜宾、南至曲靖，途经盐津、大关、昭通、鲁甸、宣威等县，唐樊绰《蛮书》称之为"石门道"。这条道路尽管狭窄，却和秦始皇在全国其他地区兴修的宽达50米的"驰道"具有同等重要的意义。是云南通向蜀地的重要商道。

其实，秦代除了修筑城外道路外，对于城市道路的建设也有突出之处，如在阿房宫的建筑中，采用高架道的形式筑成"阁道"，自殿下直抵南面的终南山，形成了"复道行空，不霁何虹"的壮观画面。

总而言之，秦代修筑的驰道和直道是我国古代筑路史上的杰出成就。以驰道为干线形成的道路交通网，也是世界上最早出现的具有全国规模的道路交通网之一。

这一伟大创举，不仅对巩固中华民族的统一和推动社会经济进步具有重要意义，而且对后世的陆路交通也有深远影响。

知识点滴

相传，秦始皇当年让太子扶苏镇守西北，建功立业，好使他将来顺理成章地继承帝位。秦始皇爱子心切，还特意叫将军蒙恬扶持他。

扶苏忠心耿耿，他在西北一待就是数年，除了参与军事决策外，还协助蒙恬修建了直道。秦始皇去世后，扶苏遭人陷害，被奸臣赵高假传圣旨赐毒酒自尽。扶苏仰天长叹，然后端起毒酒一饮而尽。

扶苏死后，当地老百姓就把他埋葬在了直道旁，并建庙纪念。但岁月沧桑，如今庙宇早已坍塌，只留下一堆黄土，供后人凭吊。

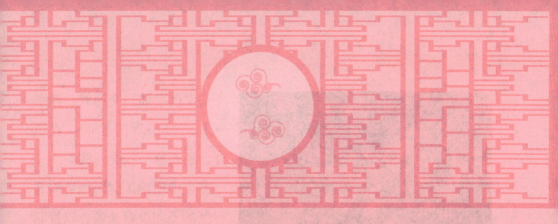

汉代陆路交通线

汉代的陆路交通路线，重点放在通往巴蜀、西北、北边、岭南及西南等地区。最为重要的是，汉代开辟了通向河西走廊及西域诸国之通道。汉武帝时期，为了打通通往西域的经济通道和防御匈奴的军事需要，先后在河西走廊设置了武威、张掖、酒泉、敦煌4郡，并建置了驿道，还有烽燧亭障等一系列军事设施。然后，又在此基础上继续向西，打通了通往西域的交通线，促进了经济文化的大发展，奠定了社会发展的基础。

汉代的陆路交通线，除继承和维修了秦的驰道、直道外，还新修一些交通线。

在中原地区，因地势险恶程度的不同设有关隘，以控制交通路线的咽喉。洛阳东面的成皋关口，南面的轘辕、伊阙之道；从长安向东南，有武关至南阳之道；还有临晋关、河东、上党与河内、赵国等通道要冲。可见，从长安和洛阳通往上述诸地，均有重要的陆路交通线。

此外，更有从中原通往南越及交趾等地的陆路交通线。早在秦时，通往南越有"越道"，又名"新道"。秦曾设横浦关、阳山关及湟溪关。

其中横浦关在仁化县北65千米；湟溪关在乐昌县西南1千米；揭阳在阳山县，阳山关当在此。

西汉初年，南越王赵佗断绝了"新道"，至汉武帝征服南越国后，这条"新道"得以畅通。东汉时，为了进一步开发这一地区，凿山通道250余千米，于是从桂阳通往南越故地的陆路交通便利了。

西汉时期对西域的开发并打通"丝绸之路"，是汉代陆路交通的重要成果，对后世有重大意义。

西汉初年，匈奴屡次侵犯中原，当时的汉代刚刚建立，国力衰微，只好以和亲的方式来求得天下太平。汉武帝刘彻登上皇位后，汉代的经济和军事实力开始增强，于是汉代改变了对匈奴的政策，打算以武力方式解决与匈奴的纷争。

当时西域有一个大月氏国，因其先王被匈奴人杀死，与匈奴结怨。于是汉武帝希望与之结盟，两面夹击匈奴。为了联合大月氏，汉武帝派使者张骞出使西域。

公元前139年，张骞带领100多人组成的队伍，从都城长安出发，打算穿过河西走廊，到达远迁康居的大月氏国。

不幸的是，一行人在中途被匈奴扣住，这一扣就是10余年。然而，张骞从未忘记过自己的使命，他忍辱负重，无时无刻不在想法逃离匈奴。

随着时间的推移，匈奴逐渐放松了对张骞的看管，于是在一天夜里，张骞趁其不备，与贴身随从甘父逃出了匈奴，经过长途跋涉，终于抵达大月氏。

令张骞始料不及的是，大月氏在新的领土上安居乐业，已经不愿意再与匈奴为敌。联盟失败的张骞启程东归，途中再次被匈奴俘虏，但他又在两年后成功脱逃。

虽然张骞此次去西域

没有达至预期目的，但却带回了大宛、大夏、大月氏、乌孙、奄蔡等国的大量资料，加强了内地和西域一带的联系，为丝绸之路的开通奠定了基础。

公元前119年，汉武帝再次派张骞到西域，联络乌孙，共同攻击匈奴。张骞率领300多人的队伍，畅通无阻地到了达乌孙，并派副使访问了大宛、大月氏、大夏等国，足迹遍及中亚、南亚许多地区。

汉通西域，起初是出于合击匈奴目的，但结果却让汉武帝和张骞始料未及。张骞去西域后，汉代的使者、商人接踵西行，西域的使者、商人也纷纷东来，从此开始了商贸往来。

循着张骞曾经走过的线路，我国的先进技术、丝绸、农作物栽培法等都传到了西域，而西域各国的奇珍异宝也输入了我国内地。

具体来说，丝绸之路最初东以长安为起点，沿渭水西行，过了黄土高原，通过河西走廊到达敦煌。

由敦煌西行则分成南北两路：南路出阳关，沿今塔里木盆地南沿、昆仑山北麓，经古楼兰、且末、民丰、于田、和田、墨玉、皮山、叶城、莎车，到达喀什。

北路出玉门关，沿塔里木盆地北沿、天山南麓，经过吐鲁番、库尔勒、拜城、阿克苏、巴楚到达喀什。

南北两路在喀什会合后，继续往西，登上帕米尔高原，这是最难走的一段路。然后经过阿富汗、伊朗和中亚诸国，再过地中海，最后到达丝绸之路的终点，这就是大秦的首都罗马城和威尼斯。

后来，又开辟了一条北新道，从敦煌经哈密，沿着天山以北的准噶尔盆地前进，渡伊犁河西行至古罗马帝国。

丝绸之路不仅拓宽了汉代陆路交通线，更使这条线路成为国际商道，因而有着极为深远的意义。

丝绸之路经过中亚、西亚，可与东南欧及北非的交通线相衔接，构成了世界性的东西大商道。不仅在两汉时期，而且在唐代以后的历朝历代，它始终发挥着重要作用，成为古代东西方文明联系的主要纽带。

东汉明帝时，班超被任命为行军司马，于公元73年奉命去西域，并担任西域都护。

他帮助西域各国摆脱了匈奴的控制，使他在西域的威望越来越高。他在西域经营30年，加强了西域与内地的联系。后来东汉朝廷要把他调回时，许多人都不肯放他走，甚至抱住马腿跪着挽留他。

班超经营西域期间，首次将丝路从西亚一带延伸至欧洲，到了大秦，就是现在的罗马。166年，大秦也顺着丝路首次来到东汉京师洛阳，这是欧洲国家同中国的首次直接交往。

知识点滴

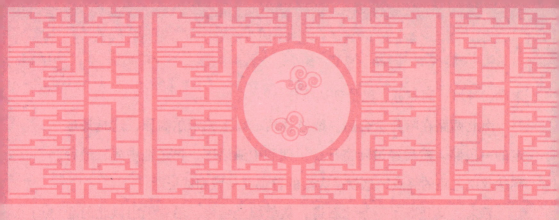

唐宋城市道路

我国古代的城市道路建设，在唐代以前已经取得了很大成就。至唐宋时期，道路建设的发展进入了极盛时期。

城市道路系统绝大多数采取以南北向为主的方格网布置，这是由建筑物的南向布置延伸出来的。

唐宋的城市街巷四通八达，城市封闭的格局被打破了，显示出唐宋王朝的城市风貌和几代帝王的开放胸怀，为带动经济大发展提供了非常便利的条件。

唐代不仅发展了大规模、长距离的车马运输道路，而且也发展了城市道路。当时，京城长安不仅有水路运河与东部地区相通，而且是国内与国际的陆路交通的枢纽，已经成为世界上最大的都市之一。

唐长安城面积达84平方千米，其总体设计是：中高外低，左右对称，东西两城完全相等；坊市街巷整齐有序，坊街尺度各分3等。

长安城主要由郭城、宫城、皇城等构成。

宫城位于郭城北部中央。皇城接宫城之南，设有中央衙署及附属机构。郭城内有南北向大街14条，东西向大街11条。垂直交错的大街将郭城划分为108个封闭式的里坊，坊内有民居、官衙、寺观等。

明德门至皇城正门朱雀门的朱雀大街位于全城中轴线上，道路宽达170米以上，被称为"天街"，至今仍是世界上最宽的街道。

位于长安城中轴线的朱雀大街把长安城划为东西两部分。街西管区叫长安县，街东管区叫万年县。

朱雀大街的路面用砖铺成，道路两侧有排水沟和行道树，布置井然，气度宏伟，不但为我国以后的城市道路建设树立了榜样，而且影响远及日本。

长安城各条大街车水马龙，熙熙攘攘，非常热闹。街道两侧多植树，加上错落其间的清池溪水、众多的园林、盛开的牡丹，使整个城市非常整齐美观。

出了长安城，向东，向南，向西，向北，构成了四通八达的陆路交通网。不仅通向全国各地，而且中外交通往来也比较频繁。

宋代是我国古代道路建设突飞猛进的时期，特别是在城市道路建设与交通管理方面，与唐代已经有了明显的区别。

宋代时期的城市建设，实现了街和市的有机结合。城内大道两旁，第一次成为百业汇聚之区。城里居民走出了以前那种以封闭分隔为特征的坊里高墙，投入空前活跃的城市生活；酒楼茶肆勾栏瓦舍日夜经营，艺人商贩填街塞巷。

北宋的都城是汴京，也称东京，就是现在的开封。汴京是北宋政治、经济、军事、科技、文化、商业和城市的中心，也是当时世界上最繁华、面积最大的大都市。

汴京的建设规划思想独特，宏大的城垣分外城、内城、皇城，三重城郭，3条护城河。城内交通水陆兼容，畅通无阻。汴京中心街道称作御街，宽200米，路两边是御廊。

北宋朝廷改变了以前居民不得向大街开门，不得在指定的市坊以外从事买卖活动的旧规矩，允许市民在御廊开店设铺和沿街做买卖。为活跃经济文化生活，还放宽了宵禁，城门关得很晚，开得很早。

在皇帝出行的街道上，每隔两三百米设一个军巡铺，铺中的防隅巡警，白天维持交通秩序，疏导人流车流；夜间警卫官府商宅，防盗，防火，防止意外事故。

宋室南迁，定都杭州，改称临安府，称为"行在"。而仍将北宋历代先帝陵寝所在的东京汴梁城称为"京师"。

临安原为地方政权吴越国的都城。南宋朝廷以临安为行都，倾全国之人力、物力、财力，精心营造临安城市建设。如疏浚河湖，增辟道路，改善交通等，使之成为全国的政治、经济、文化中心。

临安以御街为主干道，全长约4.5千米。除此之外，还有4条与御街走向相似的南北向道路。东西向干道也有4条，都是东西城门之间的通道。还有次一级的街道若干条，均通向中部御街。

临安御街是皇帝于"四孟"，即孟春、孟夏、孟秋、孟冬到景灵宫朝拜祖宗时的专用道路。景灵宫位于现在的武林路西侧，是供奉皇室祖先塑像的场所。

每隔3年，皇帝都要进行一次为期3天的祭天仪式。他沿着御街到景灵宫吃斋祭祖，住一晚后，再返回今鼓楼附近的太庙住一晚，再到城外的郊坛祭天，再住一晚后返回皇宫。

临安的御街对百姓来说也很重要，因为它两旁集中了数万家商铺，临安城一半的百姓都住在附近。

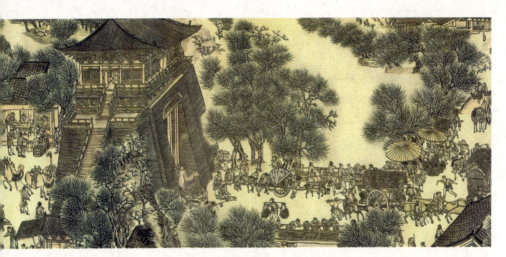

城内河道有4条，其中盐桥河为主要运输河道，沿河两岸多闹市。城外有多条河流，与大运河相连。这些纵横相交的河和湖构成了一幅水运网，对临安经济发展起了重要作用。

唐宋时期的经济文化相较于以往各朝各代有着巨大的发展，应该与其四通八达的城市道路有着直接的联系。

南宋临安城御街两旁的商业非常发达。御街分为3段：从万松岭到鼓楼，是临安的政治中心，靠近皇宫、朝廷中枢机关，皇亲国戚、文武百官集中，消费与购买力最强，因此，这里的店铺大多经营金银珍宝等高档奢侈品。

从鼓楼至众安桥，以羊坝头、官巷口为中心，是当时的商业中心，经营日常生活用品，据《梦粱录》记载，这里名店、老店云集，有名可查的达120多家。从众安桥至武林路、凤起路口结束，形成了商贸与文化娱乐相结合的街段。

知识点滴

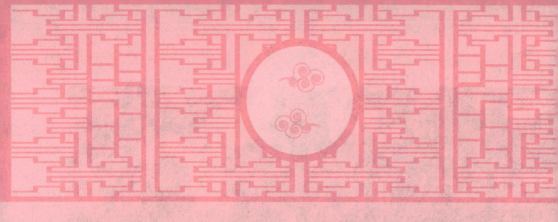

清代道路建设

在唐宋之后，又经历了元明时期的发展，我国的道路发展取得了更大的发展。

至清代时，朝廷对原有的道路进行了多次整顿，使道路的功能更加强大，在筑路及养路方面有新的提高，道路里程比以前更长，并且道路布局也比以往任何时候都合理而有效。

清王朝建立的大一统政体，具有超过历朝的规模。清代的交通系统，也在联络的幅面和通行的效率等方面，体现出超过前代的优势。

　　清代把驿路分为3等，一是官马大路，由北京向各方辐射，主要通往各省城；二是大路，自省城通往地方重要城市；三是小路，自大路或各地重要城市通往各市镇的支线。

　　官马大路，是国家级官道，在京城东华门外设皇华驿，作为全国交通的总枢纽，管理北路、西路、南路、东路等官马大路干线系统。

　　官马北路系统最重要的是通往大东北的干线，即从北京经山海关、盛京分别延伸至雅克萨、庙屯的官路和通往朝鲜半岛的国际通道。属于官马北路系统的还有到呼伦、恰克图的干线以及塞上的横向大通道。

　　官马西路系统包括兰州官路与四川官路的两大干线，前者从北京经保定、太原、西安、兰州，分别至青海、西藏和新疆，并通往中亚、西亚诸国；后者则是通往大西南的干线，从西安通往云、贵、川，并向西延伸至西藏拉萨。

官马西路系统当时覆盖了我国整个西部地区，在大清帝国创建和巩固的过程中，起着十分重要的作用。

官马南路系统，包括云南官路、桂林官路和广东官路3条干线。前两条干线均从太原南下过黄河到洛阳，然后分道到昆明或桂林，并延伸至印度支那半岛；第三条干线即广东官路的主干道，则是从北京出发经济南、徐州、合肥、赣州、韶关，直至广州。

广东官路是元、明以来北京到广州纵贯我国南北的主要官道，历来当作"使节路"，意思是常有中外使节通行的官道。

官马东路的唯一干线就是福建官路，沿途经过天津、济南、徐州、南京、苏州、上海、杭州、福州等重要城市。它是清朝朝廷经济上赖以生存的重要通路。此外，还有横贯东西的长江官路等。

清代道路建设的重大成果是修建铁路。尤其是京张铁路的建成，这是中国人利用自己的技术力量修成的，在我国铁路史上写下了光辉的一页，对于加强内地与边疆的联系有着重要意义。

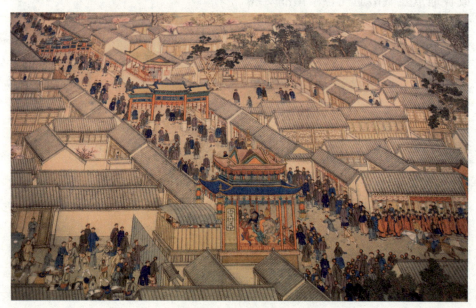

清代第一条自建铁路是唐胥铁路，是由地方朝廷于1881年建成的从唐山至胥各庄的铁路。由于当时清代禁驶小火车，于是不得不用骡马拉的大车行驶在唐胥铁路的钢轨上。

直至中法战争爆发前夕，清朝朝廷的兵工厂、军舰、轮船急需用煤，朝廷才终于做出让步，同意从英国购买两台水柜蒸汽机车，唐胥铁路才成为真正意义上的营运铁路。

唐胥铁路的出现，打破了清朝朝廷不准修建铁路的坚冰。此后，在唐胥铁路通车8年后，清朝朝廷作出决断，开始在全国大办铁路。

京张铁路在清代铁路建设中具有重要意义。它是由当时的铁路工程师詹天佑设计监造的，1909年建成，是我国首条不使用外国资金及人员，由中国人自行勘测、设计、施工完成，投入营运的铁路。

线路起自丰台车站，由西直门经沙河、南口、进入居庸关，到达青龙桥车站，再过八达岭隧道，然后沿军都山山麓到康庄，穿越今官厅水库淹没区至狼山，进入怀来丘陵地带，过土木、沙城，再从桑干河支流的洋河谷地行进至鸡鸣驿、宣化，最后抵达张家口。

八达岭近青龙桥段，为了穿越燕山山脉军都山的陡山大沟，在22千米线路区段内采用了"人"字形轨道，列车再用折返方法攀斜。另外还有400米长的居庸关隧道和200米长的钢架结构的怀来大桥。

此后，清代朝廷又兴修了津浦铁路，该铁路北起天津西站，穿越河北省、山东省、安徽省、江苏省，终于浦口站，全长1000多千米，为沿途各省的经济政治发展作出卓越贡献。

随着近代交通工具火车、轮船、汽车的相继兴起，铁路、公路、航线的不断开辟，我国古代道路交通系统终于完成了它的历史使命。

知识点滴

在京张铁路于丰台车站铺轨的第一天，有一节车钩链子折断了，影响了部分列车的正常运行。

詹天佑决心对车钩改造。经过刻苦钻研，反复设计、修改，终于改成了一种新式的自动挂钩，在修筑八达岭"人"字形铁路时，得到了采用，在行车安全上发挥了重要作用。

这种挂钩装有弹簧，富有弹力，又不用人工联结，只要两节车厢轻轻一碰，两个钩舌就紧紧咬住，犹如一体。而要分开车厢又很方便，人站在线路外面，只要抬起提钩杆，两节车厢就分开了。

车马与轿子

　　在我国古代，由于幅员辽阔，知识和技术有限，各地自然条件不同，因此不同朝代不同地区使用的交通工具也有很大的差别。

　　其中，夏代奚仲制造的马拉木车，商周的独辕车，秦汉的单马双辕车，两宋时期的太平车和平头车以及战车，还有清代豪华舒适的轿子，都在我国历史上发挥过重要作用。

　　无论是畜力还是人力的车子、轿子，作为传统交通工具，它们都是中华民族历史的组成部分，占有不可或缺的重要地位。

夏代奚仲造马车

　　车辆为人类服务了几千年。我国夏朝初年的奚仲，在薛地造出了用马牵引的木制车辆，被后世称为造车的鼻祖、车神、车圣。

　　奚仲发明的马车，是我国古代科技史上的一个伟大创举，它不但解决了古代落后的交通问题，而且还促进了道路设施和社会经济的发展，扩大了商贸运输和文化交流活动，奠定了社会发展的基础。

奚仲是我国历史上夏王朝的异姓诸侯，据说是中华民族始祖黄帝的第十二代孙。他是鲁国人，故里在今山东省枣庄西。

奚仲的先人黄帝曾经造了一辆木头的车，可以装载东西。后来奚仲听说先人做的车放在部落首领那里，就和家人去部落首领那里看。

回来后，奚仲觉得先人的车做得不算好，没有多大的使用价值，于是，他有空就琢磨如何造车的事。

奚仲想好了初步的样式后，这一天，他叫上妻儿一起到山上去伐树。把木料运回来之后，奚仲先粗略地仿照当年黄帝车的样子做了个模型。以后便天天看着这个车子，仔细琢磨，不断改造。经过很长时间的摸索，最后造成了一辆新车。

为了验证车子是否坚固，奚仲叫年轻力壮的人把山下的乱石搬到车上来。一块块石头放到车上后，车子越来越沉，奚仲两只胳膊架住两边的车把，推动车子，木车就"嘎吱嘎吱"地向前走动，车子过后

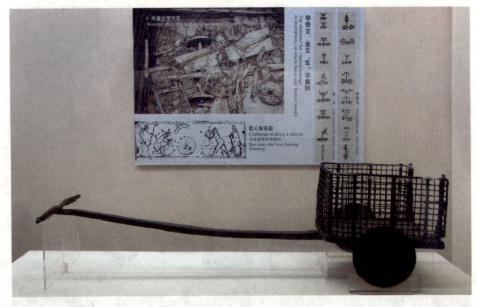

留下了两道深深的车辙。

奚仲又开始造马车。他找一些人帮忙，从山上伐了很多树木，在山下的一个开阔的地方造起了马车。

几个月下来，奚仲造出了一批马车，还给马做了缰绳，把缰绳牢固地系在车两边的长杆上。很多人都来观看奚仲造的马车，奚仲便让众人看自己如何驾驶马车，并教给那些人驾车的技术。

奚仲发明的马车是一种单辕式马车，它是后来秦汉时期双辕车的先驱。奚仲当时还没有青铜配件，构成单辕车的各种部件均应是木制品。

马车分别由轮、轴、舆、辕等部件组成。这是一种单辕车，由车舆下方向前伸出一根较直辕木，拉车的马匹分别套在辕木左右两侧。通常由两匹马驾驶，多者可用4匹，但绝不能用单数。

这种设计结构较为合理，各个部件的制作均有一定的标准，因而坚固耐用，驾驶起来也十分灵便。

　　这种以木为主体结构的马车虽然比较简单，但已大大方便了交通运输，不仅是奴隶主贵族出行的重要交通工具，也被用于战争当中。

　　由于奚仲精通造车技术，在夏禹时被封为车正，统管部落所有的车马，主管战车、运输车的制造、保管和使用，并被封在薛地，就是现在的山东省枣庄地区西部。奚仲在薛地开创了薛国。

　　在夏、商、周代时，薛国十分兴盛。这里物阜民丰，奚仲所统辖的地区很快地强大起来，成为夏王朝最为繁荣昌盛与文明进步的地区之一，它不但是夏王朝的有力支柱与砥石，也是王室所需的运输与交通舟车，以及粮食等物资的重要供给地。

　　薛国由于政治修明，经济繁荣发达，加上交通便利，因此成为华夏文化交流中心。

　　奚仲所开创的薛国，是齐鲁文化的重要组成部分，它与北辛文化、大汶口文化、龙山文化等一脉相承。

奚仲当年造车之处，据说就在枣庄市境内的奚公山下，奚仲死后安葬之处在奚公山顶。

奚公山南麓为古代车服祠旧址，是专门祭扫奚仲的场所。这里林木苍翠，祠宇壮观，并有溪泉长流。古时候，不少官员专程来奚山访谒车服祠，祭奠奚仲留下的文字。

奚仲发明的马车距今已有4000多年，当时世界许多古老民族还正在以牛马为交通工具时，奚仲创造的木车已驰驱在广袤的华夏大地上，因此可以当之无愧地列入世界之最。

马车的发明是古代科技史上的一件大事。以马力代替人力，大大解放了生产力，提高了交通效能，增强了人们的地域拓展能力，有利于各地区间的联系和信息交往，扩大了各地间的经济和文化交流，促进了社会的进步与发展。与此同时，马车的发明促进了道路的发展。

知识点滴

禹王得知奚仲造车的消息，前来查看，很惊讶车的坚固。奚仲说只要现在有马，就可以用马来拉。

禹王立刻叫人牵来两匹马，然后用绳子套上。奚仲手握缰绳，请禹王坐在车上，然后催动马匹，马车厚实的木轮便转动起来。禹王的脸上露出满意的笑容，并赞扬奚仲是部落最聪明的人。

不久，禹王封奚仲为车正，统管部落所有的车马。还让奚仲在那些出行的途中，建立第一个供车马休息的车服祠。

禹王临终前，把薛地封给了奚仲。奚仲在此建立了薛国。

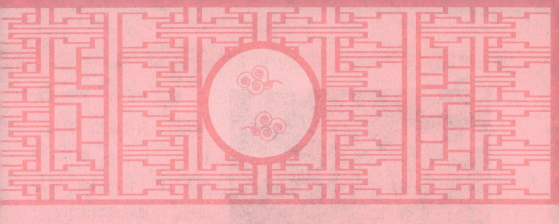

商周的独辕车

商周时期，是我国古代独辕车发展的鼎盛时期。这种车构造坚固，是最好的陆上交通工具，还在驿站传递、田猎出行，尤其是远程征伐等方面发挥了非常重要的作用。

由独辕车改进的各类战车，从战国时期开始由盛转衰。由于当时的战争已由过去的中原战场扩大到北方山地和江南地区，适于平原作战的战车已难以施展其冲锋迅速、攻击力强的特长，因此战车的地位开始下降。

据史书记载，商部落在相土时，畜牧业相当发达。相传相土用槽喂、圈养之法饲养马匹，将马驯服，再加训练，于是马能拉车驮物，成为重要运输工具，被称为"乘马"。

据记载，公元前2019年，相土用驯养的马作为运载工具，将商部落迁到商丘，就是现在的河南省商丘市。商部落族的第七任首领王亥，学会了用牛来驾车。他曾经赶着牛车，到其他部落的地界去贸易。

夏代末年，商汤在伊尹的辅佐下，实施灭夏战略，在作战中使用了更多的牲畜和战车、运输车。最后讨灭夏桀，建立了商王朝。

商王朝到了武丁时期，国力增强，军队驾驭大批独辕车向南方拓展，一直深入楚国纵深地区。商的末代君主纣王，也曾频繁出动大量独辕车，把疆土向江淮地区拓展。商代独辕车的使用已经十分普遍，车辆制造技术也有很大提高，能够造相当精美的两轮车了。由于两轮车是一个车辕，所以称为"独辕车"。

独辕车其实就是那时的战车，通常可乘站立的两三人，车厢后面留有缺口或开门，以便于乘者上下。

商代的马拉双轮独辕车，由辕、衡、舆、轭、銮、轮、轴等部件构成。辕的前边有衡，衡的两侧各缚一个"人"字形轭，也就是驾车时套在牲口脖子上的曲木，用以架马。

这种车的长度超过3米，辕长也在2.56米至2.92米。车轴长3米上下，两轮间的轨距2.1米至2.4米之间，大多有18根粗细均匀、排列有序的辐条。车轴与车辕交接处的上方是舆所在，平面长方形，四周有栏杆，可手扶。后边有缺口，供乘车人上下之用。

在商代，这种形制的马车是最好的陆上交通工具。由于马车坚固耐用、轻便快捷的性能在实用中得到检验，其功能得到社会的广泛认同，因而马车使用的范围已相当广泛。

商王及其大臣使用马车代步，各地诸侯争相仿效。为显示其尊荣富贵，马车装饰精致、华丽：或在车上髹漆，或配以铜饰；有的对马头及马身，用不同质料的物件进行装饰。这在当时已形成风气。

至东周时期，马拉双轮独辕车得到了改进。但从形制上看，东周的车与商车基本相同，只是在结构上有所改进，如直辕变曲轨，直衡改曲衡，辐数增多，舆上安装车盖。

车马配件上也更加完备，增加了许多商时车上没有的零部件，

如铜銮、铜辖、铜釭等。为求坚固，还在许多关键部位都采用了铜构件，如变木辖为铜辖，轭上包铜饰，并有一套用铜、铅、金、银、贝和兽皮条等材料制成的饰件和鞴具，制作精美，名目繁多。

东周时驾车的马由商时的两匹增加至3匹、4匹，甚至6匹。车驾两马的叫"骈"，驾3匹的称"骖"，驾4匹的名"驷"，驾6匹马为"六骈"。其中驾辕的两马叫"服马"，两旁拉车的马叫"骖马"。

东周的车以驾4匹马最为常见，多以"驷"为单位计数马匹；又因先秦时经常车马连言，说到车即包括马，说到马也意味着有车。东周中期，马车的形制已完善。制造一辆车，需要多工种的合作，经过大小几十道工序才能完成。制车业成为当时集大成的综合性手工业生产部门，制车水平也是当时生产水平和工艺水平的集中反映。

东周马车不仅是王公显贵出行游猎时代步和炫耀身份的工具，还是战争中主要的"攻守之具"。为了争夺土地和人口，各诸侯之间经常发生征战。当时正值春秋时期，诸侯争霸，各国军队的主力是战车兵，军事编制以战车为主，攻防的主要手段也是战车。所以，拥有战车数量的多寡，成为衡量一个国家强弱的标志，当时有所谓"千乘之国""万乘之君"之说。

为了增强军事力量，以赢得战争，各国都把先进技术运用到制造战车上。于是，各类战车应运而生，成为当时的一道亮丽风景。战车按用途不同，可分为几个类型。有戎路，又称"旄车"，以车尾立饰有旄牛尾的旌旗作为标志，是主帅乘坐的指挥车。轻车，也称"驰车"，用来冲锋陷阵。阙车，即补阙之车，是用于补充和警戒的后备车。苹车，车厢围有苇草皮革为屏蔽，作战时可以避飞矢流石。广车，是一种防御列阵之车，行军时用来筑成临时军营。

这些战车统称"五戎"，其用途归纳为3类，一为指挥车；二为驰驱攻击的攻车，它是战车的主要车种；三是用于设障、运输的守车。为挥戈舞剑之便，战车一般都将车盖去掉，有的还在车轴两端的铜害

辖上装有矛刺，在冲锋陷阵时刮制敌方的步兵。

马车装备的武器有远射的弓矢，格斗的戈戟，自卫的短剑和护体的甲胄与盾牌。主将所乘的旗车，还要设置"金鼓"和旌旗，主将或鸣金或击鼓，以指挥所有战车的进退。旌旗标明主将所处的位置，它的树立和倾倒成了全军胜败存亡的象征。

每辆战车还配备10多名步兵，分列在车两边，随车而动，配合作战。作战时，每5辆战车编成一个基层战斗单位。车战时，战车先呈一线，横列排开，相去40米，左右10米，队间60米，使各车之间保持适当的间隔距离，既防敌车冲阵，也使各车行动自如，互不妨碍。

由独辕车发展演变而来的战车被广泛用于战场，车战也在春秋时期曾经发挥了重要作用。随着步兵地位的提高和骑兵的出现，战争开始由车战向以步、骑拼杀为主的形式转变，战车逐渐失去了以往的重要地位。汉代以后，曾盛极一时的车战和战车终于退出了历史舞台。

知识点滴

相传，春秋时期的齐国和卫国联合起来讨伐晋国。当时，齐侯想夸耀自己车马的豪华与精良，便事先驾上专车"广乘"去约卫侯赴宴。

席间，齐国人谎称晋军来袭，齐侯便赶忙邀卫侯乘上"广乘"。于是，两位国君合乘一车，车上甲士环列。奔驰了一阵子，齐人又报告没有晋师到来，这才止住车马，卫侯松了口气。齐侯则为他的"广乘"耐用快捷而得意洋洋。

后来，齐桓公之子曾以千辆车接力运输财产，每车8次往返，可见其车辆之多且性能之好。

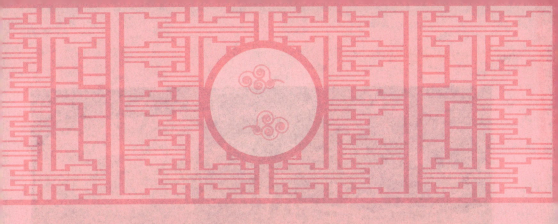

秦汉单马双辕车

　　秦汉时期是我国封建社会最早的大一统时期,统一的时间长、范围广,这为交通工具的开拓与发展带来了空前的机遇。这一时期, 车子有了很大发展和变化, 独辕车逐渐减少, 双辕车有了大发展。

　　从西汉开始, 进入双辕车大发展时期, 东汉以后, 双辕车便基本上取代了独辕车, 车的种类增多, 出现了独轮车和改进的指南车。

　　双辕车的出现, 改变了独辕车至少系驾两马方能行走的局限, 使单马拉车成为可能, 从而使我国古代的车由驷马高车进入了单马轻车的发展新阶段。

迄今世界上最早的双辕车模型，是在秦人墓葬中出土的。秦代双辕车只需一个牲口驾辕，系驾大为简化，也更容易驾驭。双辕车的结构，除辕变为两根外，其他各部位与独辕车基本相同。双辕开始仍为上扬曲身的形式，为防止车辕折断，往往在车辕中部到轭軥之间加缚两根木杆，以加固车辕，后来逐渐演变为平直的形式。

至汉代，双辕马车因乘坐者的地位高低和用途不同，细分为若干种类，主要有斧车、辂车、施幨车、轩车、軿车、辎车、栈车等。

汉代马车的种类复杂、名目繁多，除上述几种车外，见于记载的还有皇帝乘坐的辂车和金根车。据《续汉书·舆服志》描写，金根车上有"鸾鸟立衡""羽盖华蚤"。

高级官吏乘轩车，这是两侧有障蔽的车。一般官吏乘"辂车"。贵族妇女乘坐辎车，车厢像一间小屋子似的。此外，还有许多供某一特定目的而制作的专用车辆类型。

汉代交通发达，除乘人的马车以外，载货运输的牛车数量也大量增加。牛车自商部落时就有，因牛能负重但速度慢，所以牛车多用以载物。其车厢宽大，又称"大车""方厢车"。

牛车最初是做生意的人用来载货贩运的运输车，商部落首领王亥就曾经赶着牛车做生意。

古代我国以农业为立国之本，自古重农轻商。所以，大小奴隶主贵族死后，随葬品只用马车，而绝对不用牛车。

汉代车舆制度曾明确规定："贾人不得乘马车"，所以牛车在汉代就成为商人们运货载人的主要交通工具了，不少富商大贾拥有成百上千辆的牛车。

汉以后，人们坐车不求快速，但求安稳，直辕的优点渐渐显出，直辕车也开始盛行，而曲辕车渐被淘汰。

汉代牛车也采用直辕形式，它支点较低，在平地上行车时远比曲辕的马车平稳安全，而且制作时可选用较粗大的木材，提高了车辕的坚固性，而无须像马车那样附设加固杆。

无论是乘人的马车还是载物的牛车，皆必须在较宽敞的道路上行驶，而不适于在乡村田野、崎岖小路和山峦丘陵起伏地区使用。因此在东汉和三国时期出现了独

轮车，这是一种既经济又实用的交通运输工具，在交通史上是一项重要的发明。

根据历史记载，诸葛亮北伐时，蒲元创造"木牛"为军队运送粮草。当时的木牛就是一种特殊的独轮车。独轮车的特点是结构简单，两个把手前端架置一轮，把手间以横木连接，形成一个框架，其上或坐人或置物，轮两侧有立架护轮。行车灵活轻便，一般只要一人推动，或加一人在前面拉曳，载人载物均可。

在狭窄的路上运行，其运输量比人力负荷、畜力驮载大过数倍。

这种手推车也叫"鸡公车"。"鸡公"之得名，大概因为其形状有点像鸡公：一只硕大的轮子高高耸起，像昂扬的鸡冠；两翼是结实的木架，堆放货物；后面两只木柄，被推车人提起置于胯旁，自然像张扬的鸡尾了。

最初，手推车最正统的名字叫"辘车"。汉代井上汲水多用辘轳，而手推车就是由一个轻便的独轮向前滚动，形似"辘轳"，所以称其为"辘车"。至于独轮车之名，要晚至北宋时沈括写的《梦溪笔谈》一书中才看到。

独轮车是我国古代交通史上的一项重大发明，它以自身经济而实用的长处，历2000余年而未绝迹，至今在我国一些山野和乡村中，各种式样的独轮车仍在使用，尽管它们的名称各异，形制却相差无几，都是渊源于汉代的辘车。

特别应该强调的是，在单辕双轮车的基础上，三国时期的马钧还发明了指示方向的指南车。

马钧是一位卓越的机械发明家，他制造的指南车，是我国古代的一项重大发明。

在发明指南车之前，马钧听到有人议论指南车只是远古神话里黄帝和蚩尤大战时出现的东西，是虚构的，根本就不存在。但他听后很不以为然。

他认为古时曾有过指南车，只是现在失传了，只要肯下功夫研究，把指南车重新造出来并不难。于是他不怕讥笑，排除困难，经过长期摸索，终于研制成新的指南车。

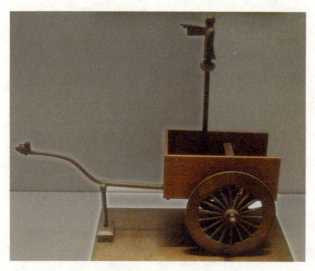

马钧发明的指南车是一种由车子和一个小木人构成的指示方向的机械，车中装有可自动离合的齿轮传动装置，并与木人相连，木人有一只手指向前方。不管车辆朝什么方向行走，在自动离合齿轮装置的作用下，木人的手都指向南方。

秦汉时期是我国车辆发展的黄金时期，出现了许多种类的车辆，在我国古代车辆发展史上占有重要的地位。

知识点滴

东汉科学家张衡发明了记里鼓车。车分上下两层，上层设一钟，下层设一鼓。车上有小木人，车走10里，木人击鼓一次，击鼓10次，就击钟一次。

记里鼓车的原理，是利用齿轮机构的差动关系，记程功能是由齿轮系完成的。

车中有一套减速齿轮系，始终与车轮同时转动，其最末一只齿轮轴在车行一里时正好回转一周，车子上层的木人受凸轮牵动，由绳索拉起木人右臂击鼓一次，以示里程。

记里鼓车的用途很狭窄，它只是皇帝出行时的仪仗之一。

两宋时期的车辆

宋代陆路用的两种重要的运输工具，被称为"太平车"和"平头车"，满足了当时短途运输和长途运输的需要。此外还有形制构造各有特点的战车。

太平车是从远古沿袭下来的一种古旧车辆，是我国古代造车工艺趋向成熟的结晶，宋代已有较统一的样式，主要使用在我国平原地区。平头车有厢无盖，比太平车小，在当时被普遍用于长途运输。

　　在宋代之前，随着汉代以后士族阶层兴盛起来，乘马车的繁文缛节使他们不能随心所欲行事，于是便把喜好逐渐转向牛车。这样既可享受乘车之方便与舒适，又不需再为各种礼仪所拘束。

　　至南北朝，牛车盛行，据《魏书·礼志四》记载，北魏皇帝出行乘坐的楼辇，要由12头牛拉车。可见北朝使用牛车之盛。南朝比之北朝，也毫不逊色。

　　由于士族大姓们皆贪求舒适，醉心享受，各种高级牛车便迅速发展起来，车辆也随之发生了变化。车速更快，车舆敞露，汉代那种为严格礼法所拘的"辎车"逐渐绝迹了。

　　颜之推在《颜氏家训》中说，当时效野之内，满朝士大夫"无乘马者"，有的士大夫，从来就没有见过马。风气发展到极致处，甚至谁要是骑马或乘马车，还会被别人弹劾。这种状况，直至隋唐五代，也鲜有变化。

　　至宋代，官僚们坐轿子的风气渐渐兴盛起来。这时高级车辆的制作和改进得不到重视，制车技术的重点也逐渐由乘人的车转到载货的

车。另外，宋代时期良马奇缺，因此骡车和驴车占了重要地位。

北宋刚建国时，北方和西北就有强大的辽和西夏政权与之对峙。而辽、西夏所控制的广大地区都是产马之地，这就造成北宋马匹来源困难的处境。

继而金取代辽，雄踞北方，最后北宋也亡在了金的铁蹄之下。及南宋建立，迁都江南，良马奇缺。因此两宋承袭隋唐旧习，驾车以牛为主，也有骡、驴。

自两宋开始，乘轿之风渐兴，达官贵人畏惧乘车之颠簸，而醉心于坐轿的舒适，出行时但求安稳，不求快速。当西方已出现转向自如、舆间装配有弹簧的豪华型四轮马车之时，我国还在沿用自汉代以来就一直使用的双辕双轮车。在此期间，历代车制除在车舆的形制和装饰上有所变化外，其基本形制无大改进。

宋代官僚们乘坐人抬的轿子的风气渐兴，乘车较少，宋代的制车业也以载货运输车为主。这种载货的车，当时称之为"太平车"。

太平车多由耐腐、耐震而抗碰撞的椿木、槐木等硬质木料打制而成。车底、内帮很厚，两边各有两个木轮子，每个轮子都由一段段弓厚"铁瓦"围镶着轮边。

铁瓦又由若干大铆铁钉深深砸进车轮内圈，十分坚牢。双帮的纵底木之间卡着车轮的铁质横轴，不影响车轮在双帮之间转动。4个辖辘转起来，行驶中会发出"咕噜、咕噜"的声音。

太平车的制造过程，一般分为开工、合车、铸造铁件、镶嵌铁器、刷油打泥。其独特的制作技艺，一是独特选材与备料，包括木材挑选、备料、熏炕等工序，主要是为了选好用材以及对所选材进行强化处理；二是榫头失蜡法，这是我国古代造车的独特工艺，它解开了古代车辆坚固耐用的秘密，表现了中华民族的无穷智慧。

太平车是我国古代造车工艺趋向成熟的标志，因为保持着商周时期独辕车的雏形，所以被称为"中国车辆活化石"。

宋代的绘画中，就有不少这种太平车的形象。仅北宋张择端著名的《清明上河图》，就描绘了10余种不同式样的车，其中几辆用4匹马或两匹健骡拉的大车就是太平车，其形制与文献之记载完全相符。

从图中可以看出，太平车的行走方式与以前的车不同，即由人驾辕，牲畜拉车，缰绳一端缚绑在骡颈的轭套上，另一端缚扎在车轴上。显然采用这种人驾辕，骡拉车的系驾方法，车速是很慢的，正适于但求负载多，不求行车快的要求。另外，它还具有载重量大的特点，非常适宜于在地势平坦的地区短途运输大批量的东西。当时拥有太平车者多是些富裕人家或商行货栈。

宋代还有一种用于运输载货车，叫"平头车"。宋代文学家孟元

老在《东京梦华录》中这样介绍平头车：

亦如太平车而小，两轮前出长木作辕，木梢横一木，以独牛在辕内项负横木，人在一边，以手牵牛鼻绳驾之。

平头车是一牛驾辕，辕牛前有配套的3头牛或4头牛。车身高大，轮与车厢齐平，车厢上加拱形卷篷，在长途跋涉时防止货物遭日晒雨淋。卷篷和车厢之间有一隔板，似为堆放车夫的行李物品处。平头牛车均是几辆车结队而行，形成一支支有组织的长途运输队。这种牛车运输队在宋代极为普遍。

宋代以后的战车同车战时代的战车不同，主要不是乘载士兵作战的战斗车辆，而是装备各种冷兵器和火器的战斗车辆，种类比较多，形制构造各有特点。

在宋代文臣曾公亮和丁度合编的《武经总要·器图》中，绘制有车身小巧的独轮攻击型战车，包括运干粮车、巷战车、虎车和象车、枪车等。运干粮车、巷战车和虎车的构造相同。它们是在一辆独轮车上，或在车前安置挡板，两侧安置厢板，或在车上安一个虎形车厢，以掩护推车士兵。同时在车的底座上和虎形大口中，通出多支枪刺，以便在作战时冲刺敌军。

安有4轮的象车和枪车的车身比较宽，象形车厢和挡板比较大，安插的枪刺比较多，主要是在野战中排成车阵，用来冲击敌军的前阵。

南宋抗金将领魏胜在抗金备战中，创制了几十辆抛射火球的炮车和几百辆各安装几十支大枪的如意战车，以及安有床子弩的弩车。

魏胜创制的炮车、如意车和弩车，受到了朝廷的重视，曾下令各军仿造使用。随着制造技术的日渐成熟，宋代出现了火器和冷兵器相结合的战车，及火战车、火箭战车、炮车和综合型战车等。它们的构造特点是在两轮或四轮车上安装大型木柜或木架，架置各种火器和冷兵器，可发挥综合杀敌的作用。

知识点滴

宋室南迁后，宋高宗认为江南的气候潮润，路面湿滑，一些上了年纪的大臣骑马出行，很容易滑倒被摔伤。于是，轿子成为当时非常普及的交通工具。当时，从事医卜星相的民间艺人，也可以乘坐两人小轿往来各地。

南宋姜夔的《鹧鸪天·巷陌风光纵赏时词》便描述了这一场景："白头居士无呵殿，只有乘肩小女随。"

其中的乘肩就是指坐轿子，旁边跟了一个小女仆从，很随意的样子。从词中描述的生活画面，可见乘轿在当时，是很常见的景象。

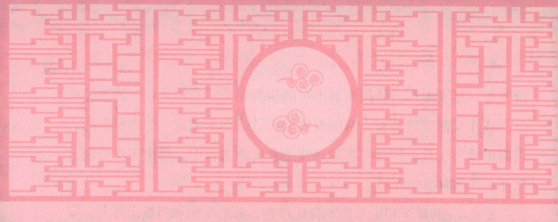

轿子的历史兴衰

　　在我国古代的交通工具中，有一种完全依靠人力的交通工具，那就是轿子。自南宋起，无论是达官贵人还是平民百姓迎亲嫁娶，多乘轿子，因此轿子成了当时人们追求身份、地位的象征。

　　轿子的种类大致分为官轿和民轿两种。不管是官轿，还是民轿，乘轿者都安稳舒适，几乎是一种特殊的享受。

　　不过在清末民初，轿子已日见没落了，轿车逐步代替了轿子，具有了现代交通的雏形。

　　据说，轿子的雏形最早出现在我国4000多年前的夏朝初期。据《尚书》记载，夏朝始祖大禹治水之时，奔走四方，曾经就乘坐过轿子。但此后经过多年的发展，轿子在先秦时代还是很少见。

　　至魏晋南北朝时期，轿子的形制不同，名称也各异，有"八扛舆""版舆""篮舆"等。北宋史学家司马光《资治通鉴》说，这些不同形制的轿子，皆"人以肩举之而行。"

　　东晋画家顾恺之的《女史箴图·班姬辞辇图》中，有八扛舆的形象。其轿身较大，可同时乘坐两人，轿夫为8人。

　　八扛舆是一种高等肩舆，当时只有皇亲王公才能乘坐。而民间通用的板舆，形制比较简陋，只是把一块方木板固定在两根杠上，由两人一前一后抬行，乘坐者则屈膝或盘腿坐在板上。

　　东晋时，乘轿子的人才逐渐多起来。至隋唐时期，经济文化高度发达，各类出行工具都派上了用场，轿子也受到前所未有的青睐。

　　盛唐时期，轿子的种类比魏晋时期要丰富许多。比如皇帝所乘的"步辇"，王公大臣所乘的"步舆"，妇女所乘的"檐子"，民间通

用的"板舆"则是各种各样。唐代画家阎立本所画的《步辇图》是最早的皇帝乘坐步辇的形象。画中所绘是吐蕃赞普派其丞相到长安，觐见唐太宗，求婚文成公主一事。

妇女乘轿也始于唐代，她们乘坐的檐子，是以竹篾编扎而成，形制已接近后世的轿子。但当时乘轿的妇女仅限于朝廷命官的妻子和母亲。

轿子作为一种交通工具，得到较大普及的是在宋代。从北宋初年开始，"舆轿"已流行于社会的各个阶层。北宋时有大臣上奏宋太宗赵炅，认为眼下普通百姓都乘轿，不成体统。于是宋太宗规定"非品官不得乘暖轿"。暖轿是指轿顶使用布盖，四周饰有布帷的封闭型轿子，又称"暗轿"。相传，在北宋年间，历经4朝的元老文彦博，因为年老体衰，与另一位身患疾病的名臣司马光，被皇帝特许乘坐轿子，属于是优待老臣的恩典。

南宋时期，轿子的使用数量终于超过了车，各级官员偏重于坐轿，很少乘车，因为轿比车要平稳，可以免去路途不平造成的颠簸。朝廷还加强了对于轿子等级的划分，同时取消了对车的等级规定。这表明，南宋上流社会已经把轿当成首要的出行工具。

宋代时期的轿子虽然同汉唐时期的轿子大同小异，仍两人抬杠，但选材精良，以硬木为主，上雕花纹飞龙，造型美观。

至明清时期，轿子发展为4人抬或8人抬。作为炫耀消费品，轿子成为排场和面子的最佳载体，即使几十步也要乘轿。大明官吏几乎无一不是豪华轿子的狂热痴迷者。

嘉靖时期，左都御史张永明上奏，弹劾南京太仆寺卿王某。因升光禄寺卿赴任，王某和家口坐8抬大轿3乘，4人大轿4乘，总共用了340个扛夫和轿夫，一日花费差银40余两；从南京至陕西1500千米路，浪费差银不下千两。

明清两代，轿子几乎成为中国交通的代名词，"行到前门门未启，轿中安坐吃槟榔"，关于轿子的等级制度和权力文化也在这一时期达到登峰造极的程度。

在古代，轿子分为官轿和民轿两种。官轿是皇家、官员的主要交通工具，由于坐轿者身份不同，所乘的轿子也不同。由于皇帝们的地位特殊，因此他们坐的轿子分为许多种。如：礼舆，是供皇帝上朝时乘坐的；步舆，是供皇帝在紫禁城内巡行时乘坐的；轻步舆，是供皇帝去城外巡狩、视察民情乘坐的；便舆，是供皇帝在巡视时备用的一种轿，随时以轿代步用的。平时，皇帝在宫内出入，一般都乘便舆，冬天坐暖舆，夏天坐凉舆。

除皇帝的轿子外，不同品级的官员则坐不同的轿子。官轿出府，常有随从在前鸣锣开道，四周还有侍卫

人员，前呼后拥，展示官威。百姓见之，必须肃静、回避。

官轿所用的轿夫也分等级，官越大，抬轿的人越多。一般七品官员多为4人抬，五品以上的官员可乘8人抬，皇帝出宫时是16人抬，自然是最高的规格。

抬轿也是一门技术。抬轿子讲究抬得稳，走得快，所以好轿夫都是经过专门训练和长期锻炼的。尤其是4人抬、8人抬官轿的轿夫，是要有充足的体力的。

除去官轿，还有一种轿就是民轿。通常来说，民轿的使用者大多是富户人家。在民轿中还有一种被称为"花轿"或"喜轿"的，专用于百姓婚事。拥有这种轿子的多是一个民间组织。

随着封建社会的被推翻，以及科学技术的不断进步，除了在特殊场合，如某些传统婚礼场合，尚能看到一些罕见的花轿外，已经为时代所淘汰。

知识点滴

古代在官衙里当轿夫，多是子承父业。因为抬轿也是一门技术。

在衙门里当轿夫有许多禁忌，首先是行轿时不能大声说话，上肩、走轿、停轿全听领队的轿头指挥。轿头多用暗示，如起肩走轿喊一声"起轿"。其次，上坡下坡时要拍轿杠，落轿后前面的轿夫要闪开，以便官员出轿。

此外，轿夫还要忌口，不能吃大蒜、生葱和韭菜等有异味的东西，以防当官的闻到。还不能大声吐痰什么的，怕的是当官的听到"膈应"。

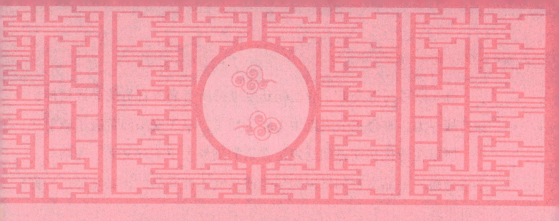

清代豪华的轿子

　　清代的王公贵族之所以越来越宠爱轿子，是因为坐在这种特殊的交通工具上，无车马劳顿之苦，安稳舒适。

　　清代的轿子已经发展为4人抬或8人抬，皇帝出行时要16人抬。但它作为清代等级秩序的重要标志和主要交通工具，在社会生活中广泛应用，同时也折射出了当时社会生活的情况与变迁。

　　由于官轿是权力的象征，因此出轿的仪式异常的威风，也因轿子的颜色不同，昭示官员的地位也不同。

　　清人以弓马得天下，清朝朝廷要维持所有满族官员的尚武精神，保持战斗力，唯恐王公大臣乘坐轿子惯了，享于安乐而荒废了骑射之术。所以在清代初期，朝廷规定在京的满族大臣不分文武一律乘马，不准坐轿。一品文官如果因为年老或疾病不能乘马的，必须经过特许才可坐轿。

　　满族官员不许乘轿的禁令在康熙帝时就松弛了，乾隆朝时，乘轿已成普遍现象。但乘轿有严格规定。

　　外省的汉人官员，诸如督抚、学政、盐政、织造等三品以上的官员，可以乘坐8人大轿；其余的从布政使到知县，可以乘坐4人大轿。其他的杂职人员只准乘马。

　　武官中，若是有将军、提督、总兵，因年纪太老，骑马不方便，可以上书朝廷申请乘轿。若是外官入京，一律乘车，不准乘轿子。

　　满人官员乘轿的规定最为严格。亲王和郡王可以乘坐8人大轿，但平日里为了方便，也是乘坐4人轿。亲王、郡王、世子的福晋，她们乘坐的轿子规格，以及轿上的各种装饰，都有严格的规定。此外，贝勒、贝子、镇国公、辅国公，则是乘坐朱轮车轿。

　　一品文职大臣、军机大臣乃乘坐4人轿；二品大员要等到年过60岁，才能乘坐轿子。蒙古王公则一律不准乘轿。其中只有一个特例，咸丰年间被封为亲王的僧格林沁，被咸丰特许乘坐轿，是属于仅有的例子。至于平民百姓乘坐的轿子也有规定，必须齐头，平顶，黑漆，帷幔也只能用皂色的布。

　　另外，清代还有一种用牲口抬的轿子，主要是用两根长杠子架在前后两头骡子的背上，而中间的部分置轿厢，人坐卧其中，可以应对较远的路程，名叫"骡驮轿"。

当时的轿车都是木制的，普通百姓坐的车用柳木、榆木、槐木、桦木等普通木料制作，而皇室和贵族坐的则用楠木、紫檀、花梨等上好木料做成。

轿车成型后，再髹以油漆，一般是栗壳色、黑色，好木料用本色油漆，谓之"清油车"。载物的骡车叫"大车"或"敞车"，其车厢上不立棚，无车围和其他装饰。

一辆轿车由辕、身、梢、篷、轴、轮几大部件组成。车辕为两根圆头方身的长木，后连车身、车梢，构成整个车的"龙骨"。

车厢坐人处一般用木板铺垫，讲究点的，木板中心用极密的细藤绷扎，类似现在的棕绷床，其上再置车垫子。

在车辕前架有一短脚长凳，名"车蹬子"，平时架在辕前，乘者上下车时，便取下作为垫脚用。有的车辕前还横置一根方形木棍，停车时，用以支撑车辕，以减轻牲畜所负的重量。

　　车厢上立棚架，棚上有卷篷，篷均用竹篾编制，外面裱糊一层布，布上再涂一层桐油，可防雨淋。车梢尾部较宽，用来放置行李箱笼，无行李时，还可以倒坐一人。

　　车轴木制，位于车厢中部的重心上。车辋是用硬质木破成扇形木板、开榫拼接而成，中心以硬木为毂，用16根木辐连接毂、辋而制成木轮，轮的拼接处再用大铁钉钉牢，轮框和辋的触地滚动部分都密钉大型蘑菇头铁钉。

　　豪华的轿子还有许多金属饰件，如后梢横木上的"填瓦"，车厢套围子的"暗钉""帘钩"，车辕头的"包件"等。这些饰件多用黄铜或白铜刻花，豪华的还有用景泰蓝、戗金银丝的。

　　车棚是由木格搭成，外面还要包一层布围，以避风雨，这种布围叫车围子。无论是贵族乘坐的高级马车还是平民乘坐的普通轿车，其形制没有太大差异，主要的区分就在车围子上，其用料、缝制工艺、颜色等都有不同。

豪华轿车的车围子用绸子或锦缎制成，冬天用皮，夏季夹纱，嵌玻璃，绣珠宝，顶绦垂穗，装饰华丽，变化万千。车围子在颜色上更是等级森严，不得僭越。皇帝用明黄，亲王及三品以上的官用红色，其余用宝石蓝、古铜、绛色、豆绿等色，各随车主爱好。

平民百姓使用的轿车围子只能是棉布或麻布制成，颜色也只能用青色或深蓝色。不论是高等轿车还是普通轿车，一般不用白色，因为白色是重孝的颜色，不能随便使用。

车围子左右还要开一个1尺见方的小窗，上嵌玻璃，讲究的车前后左右均开窗，最多的可以开13个大小不一的窗户，人称"十三太保"，窗的形状也各异。

车门设在前面，门上挂一个小夹板帘子，中间也嵌有玻璃，车内的人可以望到外面，夏天则换成细竹帘。

不上围子的轿车，叫"光架子骡车"，一般不能上街，因为处决犯人时，常乘这种车去菜市口刑场。所以，再破的轿车也要上个围子，铺上垫子才能使用。

乘轿车之风兴起后，各种名目的轿车也就随之产生，如夏仁虎在《旧京琐记》中所说："旧日乘坐皆骡车也，制分多种：最贵者府第之车，到门而卸，以小童推之而行。'跑海车'，沿途招揽坐客。"还有奔驰于通衢，走长途涉远道的专线运送乘客的轿车。

徐扬画的《乾隆南巡图》里，有一种马拉的轿车，两个车轮都在车辕的尾部，是一种特殊的形制，或许是皇家的独享。

至清代后期，这种车很少使用了。但在交通不便的地方，也有人使用这种轿车。其时车的装饰极为简单，车厢立棚，外面覆以蓝布幔帐，前面挂帘。

毫不夸张地说，"轿车"似乎是古代车马最后的辉煌，随着人力车和汽车在我国的出现，我国古代车马也走到了尽头。

知识点滴

轿子的种类有官轿、民轿、喜轿、魂轿等。在使用上，有走平道与山路的区别；在用材上，有木、竹、藤等之分；在方式上，有人抬的和牲口抬的，如骆驼驮的"驼轿"。

骡驮轿是清末民初流行过一阵的交通工具。骡驮轿是用两匹骡子前后抬着。轿杆固定在骡背鞍子上。轿夫跟着边走边吆喝。轿内坐人，大轿可坐三四个人。轿外夏包苇席或蒙纱，冬季则是棉围子。骡驮轿多用于山区或乡间崎岖小路。

漕粮与漕运

　　漕运是利用水道调运粮食等的一种专业运输。我国古代历代封建王朝将征自田赋的部分粮食经水路运往京师或其他指定地点。

　　这种粮食称"漕粮"，漕粮的运输称"漕运"，方式有河运、水陆递运和海运3种。运送粮食的目的是供宫廷消费、百官俸禄、军饷支付和民食调剂。

　　漕运，是我国历史上一项重要的经济制度，在我国漫长的封建社会中，漕运是维系朝廷经济命脉的重要事务，对维护国家的政治稳定，推动经济和文化的发展，均产生了不可估量的作用。

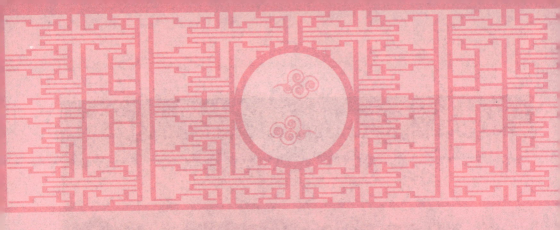

春秋战国时期的漕运

春秋战国时期，各个诸侯国顺应时代和社会的发展的需要，积极发展漕运事业，以满足经济发展和战时运粮运兵的需要。如疏通、开凿和利用胥河、邗沟、菏水、鸿沟等，发挥了巨大的效益。

这些水利工程，其规模之大，成效之显著，设计之合理，技术之先进，在我国漕运史上都有着十分重要的地位，并且在推动社会生产的发展和促进经济文化交流上，起了重要作用。

春秋时期，吴国在伍子胥等人的努力下，逐渐强盛起来。

吴国地处长江下游，河网纵横，交通全靠水路，舟师是吴军的主力。吴国的造船技术也有很大提高，已能建造各式大中型舰船，舟师成了吴军的主力。于是，吴国也和当

时的其他诸侯国一样，力争称霸诸侯，做天下盟主。

吴王阖闾为运输伐楚所用粮食，命伍子胥于公元前506年开挖了胥河，船舶可以从苏州通太湖，大大缩短了从苏州至安徽巢湖一带的路程。

胥河是我国现有记载的最早的运河，也是世界上开凿最早的运河。从苏州通至太湖，经宜兴、溧阳、高淳，穿固城湖，在芜湖注入长江。

吴打败楚国后，继而又攻破越国，迫使越王勾践臣服于吴。取得两次重大的胜利后，夫差认为吴国在长江流域的霸主地位已经确立，决定进一步用兵北方，迫使北方诸侯也听从他的号令。

但在当时，长江淮河之间无直接通道，北上用兵需由长江出发入海，再绕道入淮，航程过长，海浪过大。因此，吴国决定以人工河沟通江淮。

吴国过去连年攻楚，吸取了楚国发展航运的技术经验，再根据以

往开河的经验，吴国因地制宜地把几个湖泊连接起来。曾经先后在国内开凿了沟通太湖和长江的"堰渎"和太湖通向东海的"胥浦"。

伍子胥开凿的胥溪和这次开凿的胥浦，成为了后来隋代大运河最早成形的一段。

公元前486年，吴王夫差下令在邗城开挖深沟，引长江水向北入淮河，沟通了江淮，以水路运粮运兵。开凿邗沟完全为军事目的，这就是漕运的开始。

因为漕运的最初目的就是运送军粮。后人又称邗沟为"山阳渎"。

据北魏郦道元《水经注·淮水》记载："昔吴将伐齐，北霸中国，自广陵城东南筑邗城，城下掘深沟。"它从邗城西南引长江水，绕过城东，折向北流，从陆阳、武广两湖间穿过，北注樊梁湖，又折向东北，穿过射阳两湖，再折向西北，后入淮河。

邗沟渠线所以比较曲折，主要原因是要利用湖泊，以便减少工程量。这条运河全长约150千米，它开通后大大便利了南北航运，为后来江淮运河的发展奠立了初步基础。

公元前482年，吴国夫差下令在今山东省鱼台县东和定陶县东北之间凿开了一条新水道。因其水源来自菏泽，故称"菏水"。

菏水同胥河、邗沟一样，都是吴国为了政治、军事需要而开凿的。在后来很长的一段时间中，对加强黄河、淮河和长江三大流域的经济、政治、文化的联系，也起到了重要作用。

"战国七雄"之一的魏国也在积极发展漕运，魏惠王为称霸中原，公元前360年开挖了沟通黄河和淮河的人工运河鸿沟。鸿沟是我国古代最早沟通黄淮的人工运河。

鸿沟先在河南荥阳把黄河带有较多泥沙的水引入圃田泽，使水中的泥沙沉积在圃田泽中，减轻了下游渠道的堵塞。

然后引水向东，绕过大梁城的北面和东面，向南与淮河支流丹水、睢水、涡水、颍水等连接起来，许多自然河道连接成网，船只可以畅通无阻。

鸿沟开通后，建立了直通东方各诸侯国的水路交通线。保持了魏

国同东方诸侯国的沟通，加强了同他们的联系。不仅在黄河、淮河、济水之间，形成了一个完整的水上交通网，由于它所联系的地区都是当时我国经济、政治、文化最发达的地区，所以在历史上影响很大。

　　鸿沟修成后，经过秦代、汉代、魏、晋、南北朝，一直是黄淮间中原地区主要水运交通线路之一。西汉时期又称"狼汤渠"。该地北临万里黄河，西依邙山，东连大平原，南接中岳嵩山，是历代兵家兴师动众、兵家必争的古战场。

知识点滴

　　伍子胥受命开挖河道后，亲率20余万士兵和民工施工。很快，这条世界上最早的人工运河终于凿通了。人们为了纪念他，遂将此河取名为"胥河"。

　　胥河凿通后，吴王阖闾拜孙武为大将，伍子胥为副将，亲率大军突然向楚国发起进攻，将楚国的军队打得一败涂地，溃不成军，并很快占领了楚国的都城。

　　那时，楚平王熊弃疾已经去世，他的儿子楚昭王熊轸也逃之夭夭。后来，秦国出兵救楚，击败了吴军，吴王阖闾才撤兵回归。

秦汉时期的漕运

　　秦汉两代继续发展漕运事业。比如秦始皇令监禄凿灵渠，萧何将关中粮食转漕运至前线，刘濞开挖"茱萸沟"运道，汉武帝开凿了与渭河平行的人工运河漕渠，汉明帝时王景使黄河、汴河分流，东汉广陵太守陈登改道与疏通邗沟，等等。

　　从以上资料不难看出，古代的运河大多以运送粮草和军队为主，但客观上却促进了国家的统一，经济的繁荣，民族的融合。

秦始皇统一中原后，接着又向岭南进军。但是战争并不像预料的那样顺利。岭南的险峻地形，使行军极度困难。

粮草的运输主要靠人背牲口驮。运粮队伍要翻山越岭，走上好些日子，除去自己的消耗，到达营地时已经所剩无几了。

更麻烦的是，行进在崇山峻岭的运粮队伍，往往要遭到敌人的突然袭击。粮草问题，更直接地说是运输问题，要是不能得到解决，作战根本无法取得胜利。就这样，常常空着肚子打仗的秦军进行了3年战争，还是没有什么明显进展。

为了解决南征部队的粮草运输问题，秦始皇决定派史禄领导"凿渠运粮"，在五岭之上开了一条运河。初名"秦凿渠"，又称"零渠"，即今灵渠。

史禄将灵渠的路线，选在广西壮族自治区兴安县城附近湘江和漓江的分水岭上。这里两江相近，最近处不到1500米，山又不太高，相对高度30米。只需沟通两江，中原地区用船运来的粮草，就可以从水路一直越过五岭，进入岭南地区。

在这些山区河道行船，最重要的是如何使船"爬"上山的办法。船要"爬"山，对水面"坡度"就要有一定的要求。

　　水面的"坡度"在航行术语上叫作"比降"。开凿灵渠的劳动人民，用他们自己的智慧和辛勤劳动，创造了许多山区河道行船的好办法。

　　在开挖灵渠时，让河道迂回曲折，多拐几个弯，让船多走几个"之"字形。这样，有限的河道被延长了，水面的"坡度"就相应变得小了，船"爬"山也就容易得多了。

　　在山上进行这种施工，从地理上来讲是不可能的，即使有可能，从工程上来讲也是不经济的。于是，民间又发明了"斗门"，也叫作"陡门"。

　　在灵渠水位比降大而又不适于延长河道的地方，分别用巨石做了一个又一个的斗门。最多时设36座斗门，最少时也有10座斗门。每个斗门都有专用的工具，如斗杠、斗脚、斗编等。

　　船进入一个斗门后，随即把身后的斗门用专用的工具堵严，使其

不能漏水，然后徐徐开启前进方向上的另一个斗门。随着斗门打开，水从前方的斗门涌进来，不一会，两个斗门间的水位就平了。

于是船就可以前进到前一个斗门内，随后又堵住船后斗门，再打开前面斗门。如此周而复始，船就一级一级向山上"爬"去。同样道理，船也可以从山上一级一级"爬"下来，不过方向相反罢了。

除了使船"爬"上山的好办法外，劳动人民还创造了另外一种重要的好办法，就是实施了引湘江水入灵渠的"分水工程"。

湘江上游的海洋河水量较丰富，他们在海洋河上建立分水工程，以使灵渠保持充足水量，便于船只从海洋河通过分水工程进入运河。

分水工程位于兴安县城东南约2千米远的分水村。这里不是距离运河最近的地方，但是此处海洋河河床较高，大体与灵渠海拔高度相当，便于把水引入运河。所以也就舍近就远，把分水工程选择在此。分水工程包括"人"字形的拦河坝和铧嘴两部分。

平时，坝下一段海洋河旧道不再通水，但来洪水时，大水可以翻越大坝流入旧道。

铧嘴位于"人"字形拦河坝顶端的河心，其作用与都江堰的角嘴一样，把海洋河水分成两部分，七分进北渠，三分入南渠。进入北渠的水，从"人"字坝向北，经过约3.5千米的渠道，回到湘江故道。进入南渠的水，经过人工开凿的4.5千米的渠道，引入灵渠，作为运河的主要水源。

为了完成这个任务，数十万秦军和民工，开石劈山，进行了艰苦劳动。

他们经过5年努力，排除了许多困难和干扰。至公元前214年，这条长33千米的灵渠终于挖成了。

灵渠修成后，秦军加强了对岭南的攻势，长驱直入，深入越人腹地。终于在公元前214年彻底平定南越，并在那里设置桂林、象、南海三郡。

第二年，又迁徙50万刑徒戍守岭南，与当地越人杂处，共同开发南方地区。

在攻取岭南的同时，秦始皇派兵修筑通往云贵的道路，道宽5尺，称"五尺道"。秦军通过五尺道进入西南地区，设郡立县，委任官吏管理这一地区。

灵渠是世界上最早建造并使用船闸的运河，也是最

早的跨越山岭的运河。我国古代劳动人民发明的这种利用船闸的行船技术，一直沿用至现代。

秦汉之际，萧何从关中漕运粮食到广武前线。当时的路线是从关中将粮食装上漕舟，然后顺渭水东下，经黄河险段三门峡后再东流至广武。

其中三门峡一段漕运十分危险，不仅河道窄，而且水流急，还有不少暗礁，稍有不慎，即船毁人亡。萧何将关中之粮运至前线特别的艰辛。

萧何在长达5年之久的兴汉灭楚的战争中，巩固后方战略基地，多靠漕运足食足兵支援前线，其杰出的军事后勤保障，对于最终战胜项羽作出了重大贡献。所以刘邦称萧何功劳最大，位列第一，不是没有道理的。

西汉定都长安后，每年需从关东运输大量谷物以满足关中地区贵族、官吏和军队的需求，转漕逐渐制度化。

当时，汉高祖刘邦的侄儿吴王刘濞设都城于广陵城。刘濞曾对运河作出过重大贡献，他开挖了一条著名的"茱萸沟"运河。

茱萸沟运河西起自扬州东北茱萸湾的邗沟，东通海陵仓及如皋磻溪，使江淮水道与东边的产盐区联结，在运盐和物资运输方面发挥了重要作用。

至汉武帝初年，全国每年的漕运量增到100多万石，以后又增至400万石，高峰时达至每年600万石。当时漕运用卒达6万人。由各地护漕都尉管理，沿途县令长也有兼领漕事的。漕粮则输入大司农所属的太仓。

漕转关中，费用浩大，需时很长，动员人力很多，特别是漕船要经过三门峡砥柱之险，粮食损耗很大。当年萧何就曾历经三门峡段漕运的危险。

西汉朝廷曾先后采取过多种改进办法。其中收效最大的是漕渠的开通。

汉武帝用3年的时间，沿秦岭北麓开凿了与渭河平行的人工运河漕渠，使潼关到长安的水路运输的路程和时间大大缩短，运输费用从而减少，沿渠民田也能收到灌溉之利。这是西汉一项重要的水利工程。

汉宣帝时，令三辅、弘农、河东、太原之粟以供京师。这种做法，对缩短漕运路线，减少漕运压力，避开砥柱之险，起了良好的作用。

东汉建都洛阳，从山东、河北、江淮等地转漕粮食至京师，路程较近，又不需经过砥柱之险，改

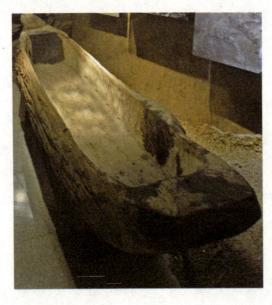

善了漕运困难的局面。因此汉光武帝初年省罢了护漕都尉。

但是，这个时期的漕运事业仍有一定的发展。后来，汉光武帝在洛阳南修阳渠引洛水以为漕。

汉明帝时，从荥阳至千乘海口，筑堤修渠，使黄河徙道后混流的黄河、汴河分流，便利了南来的漕粮自淮河入汴，北来的漕粮循河、洛而西，使京师粮食供应不忧匮乏。这是东汉漕运事业的最大成就。

秦汉时期的漕运工程，满足了当时运送粮草和军队的需要，也促进了这些地区经济的繁荣，有利于民族融合与国家统一。

知识点滴

东汉广陵太守陈登鉴于夫差时期所修邗沟过于曲折迂回、舍近求远，对它作了改道与疏通。他从樊良湖穿渠至津湖，再从津湖凿渠至白马湖，至山阳末口入淮。

陈登对邗沟动了大手术，拉直了原樊良湖至末口的弯曲水道，大大便利了漕运航行。史书上将这一工程称作"陈登穿沟"。人们习惯于把这条渠道称作"邗沟西道"，将原河称作"邗沟东道"。

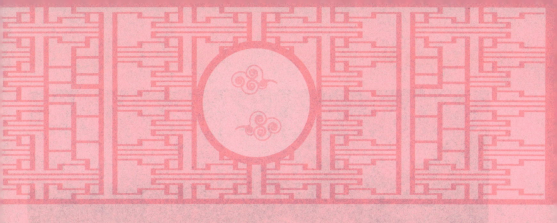

隋代大运河水运网

魏晋南北朝时期，江南的经济有了显著发展，尤其是会稽郡，成为江南最富庶的地区。

隋代的政治中心在北方，北方经济虽然发展较快，但两京和边防军所需的粮食相当多，需要江淮地区供应。

陆路运输，速度慢，运量小，费用大，无法满足北方的需要。开通运河，利用水利运输，成为当时社会经济发展的需要。

隋初以长安为都。从长安东至黄河，西汉时有两条水道，一条是自然河道渭水，另一条是汉代修建的人工河道漕渠。渭水流沙多，河道弯曲，不便航行。

由于东汉迁都洛阳，漕渠失修，早已湮废。隋代只有从头开凿新渠。

581年，隋文帝杨坚即命大将郭衍为开漕渠大监，负责改善长安、黄河间的水运。但建成的富民渠仍难满足东粮西运的需要，3年后又不得不再一次动工改建。

这次改建，要求将渠道凿得又深又宽，可以通航"方舟巨舫"。改建工作由杰出的工程专家宇文恺主持。在水工们的努力下，工程进展顺利，当年竣工。

新渠仍以渭水为主要水源，自大兴城至潼关长达150余千米，命名为"广通渠"。新渠的运输量大大超过旧渠，除能满足关中用粮外，还有很大富余。

隋炀帝杨广即位后，政治中心由长安东移洛阳，很需要改善黄河、淮河、长江间的水上交通，以便南粮北运和加强对东南地区的控制。

605年，隋炀帝命宇文恺负责营建东都洛阳城，同时开通济渠，还扩建山阳渎。工程规模之大，范围之广，都是前所未有的。其中通济渠与山阳渎的修建与整治是齐头并进的。

通济渠可分东西两段。西段在东汉阳渠的基础上扩展而成，西起洛阳西面，以洛水及其支流谷水为水源，穿过洛阳城南，至偃师东南，再循洛水入黄河。

东段西起荥阳西北黄河边上的板渚，以黄河水为水源，经开封及杞县、睢县、宁陵、商丘、夏邑、永城等县，再东南，穿过安徽宿县、灵璧、泗县，以及江苏的泗洪县，至盱眙县注入淮水。两段全长近1000千米。

山阳渎北起淮水南岸的山阳，径直向南，至江都西南接长江。两渠都是按照统一的标准开凿的，并且两旁种植柳树，修筑御道，沿途

还建离宫40多座。

在施工过程中，虽然也充分利用了旧有的渠道和自然河道，但因为它们有统一的宽度和深度，因此，主要还要依靠人工开凿。这项工程虽然浩大而艰巨，但历时很短，从3月动工，至8月就全部完成了。

在完成通济渠、山阳渎之后，608年，隋炀帝决定在黄河以北再开一条运河，即"永济渠"。

永济渠也可分为两段：南段自沁河口向北，经今新乡、汲县、滑县、内黄、魏县、大名、馆陶、临西、清河、武城、德州、吴桥、东光、南皮、沧县、青县，抵天津；北段自天津折向西北，经天津的武清、河北的安次，到达涿郡。

南北两段都是当年完成。永济渠与通济渠一样，也是一条又宽又深的运河，据载全长950多千米。深度多少，虽不见文字，但大体上说，与通济渠相当，因为它也是一条可通龙舟的运河。

永济渠开通后，隋炀帝自江都乘龙舟沿运河北上，带着船队和人马，水陆兼程，最后抵达涿郡。全程2000多千米，仅用了50多天，足见其通航能力之大。

广通渠、通济渠、山阳渎和永济渠等渠道，虽然不是同时开凿而

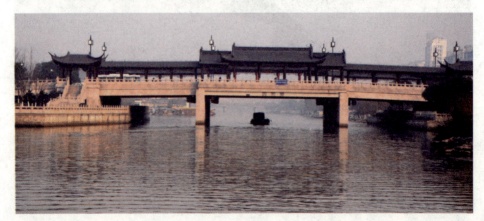

成，可以算作各自独立的运输渠道。

由于这些渠道都以政治中心长安、洛阳为枢纽，向东南和东北辐射，同时也连通了春秋战国时期修建的胥溪、胥浦，组成了一个完整的体系，从而形成了一条连通南北的大运河。

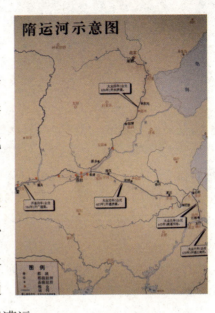

隋代大运河从长安、洛阳向东南通到余杭、向东北通到涿郡，是古今中外最长的运河。由于它贯穿了钱塘江、长江、淮河、黄河、海河五大水系，交通运输之利辐射周边地区，极大地便利了漕运。

大运河修成后，加强了国家的统一，促进了南北经济文化的交流，其价值是不可估量的。

隋炀帝在大运河上行驶的龙舟，据《大业杂记》所记："其龙舟高45尺，阔45尺，长200尺。"共分4层。

上层是正殿内殿和东西朝堂；中间两层有120个房间，都用金玉装饰，是皇上休息娱乐的地方；最下一层是内侍住。龙舟前面是昂首的龙头，后面是高翘的龙尾，彰显一派真龙天子的无限威严。

整个船队，舳舻相接100千米，两岸有20万士兵和10多万步兵夹岸护航。从远处看，根本分不出哪是河中哪是岸上，只见旌旗蔽野，非常壮观。

知识点滴

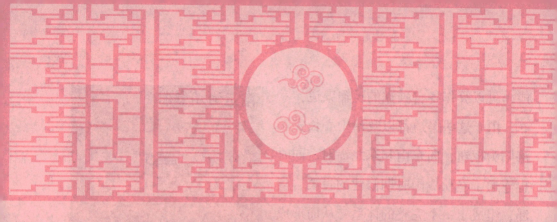

宋元漕运与漕粮

北宋由于庞大的官僚机构和养有大量的军队，对漕粮的需求大大增加。开封、南京、陈州等重要城市都仰赖外地的漕粮，加之北宋漕线较隋唐缩短近半，故运输能力大增，年漕运量高达600万甚至800万石，创我国古代漕运之最。南宋漕粮主要沿江运往各军事重镇。

元代的漕运是海运、河运并行而以海运为主，海运主要是将南方粮食由海路的调运。元代海运兴通，漕运进入新阶段。

隋朝开发大运河为唐朝初期的漕运创造了条件。唐朝统浩者在前代运河的基础上，对运河河道加以疏浚、整浩，形成了以南北大运河为主的漕粮水运网，赢来了运河漕运的新高峰。至唐朝末年，唐昭宗迁都洛阳，

长安自此为墟。后又经过五代数十年的长期混战，渭水不再进行漕运，关中的航道失修，没法利用，以致宋太祖统一天下后，把国都定于开封。

北宋建都开封。从地理位置说，这个都城更接近了当时盛产粮米的地区，并缩短了漕运的路线。不仅都城开封的粮食需由南方供应，就连南京、陈州等地也开始仰赖于漕粮。

宋代的漕量非常大，甚至超过前代，主要是由于北方各省的农业生产，在长期的战争中受到严重摧残，由本地收取的粮食数量越来越少，而仰赖外地供应的数量越来越大。

宋代的官僚机构重叠庞大，常有一个官五六人共做的现象，做官必须食俸禄，高级官员每月要支禄米100石。官吏一多，国家支出的粮食自然就多了。

宋代朝廷还养着大量军队，军队的给养也大多仰赖漕米。有了以上的客观需要，再加上北宋的漕运线路比唐代要近一半，由淮入汴，

水道畅通，滩阻较少，而且不需接运，所以宋代每年漕运量，成为我国漕运史上的最高纪录。

宋代主管漕运的官员，在朝廷内是三司使。三司使，是朝廷主管财政的大员，他的地位仅比宰相和枢密使低一等，号称计相，职权很大。各路都设有转运使掌管漕运，因此转运使又称漕司。

宋钦宗靖康年间，北宋的国都东京被金兵攻破。接着康王赵构在南京即位，后来又将国都迁到临安，这就是南宋。

南宋的国都就处在这水利发达、土地肥沃的江浙地区，漕运路程也比北宋短得多。至于湖广、四川等地，当时也是有名的富庶地区，这些地区的粮食，就大多运往沿江各军事重镇，供应军队的需要。

元代首都和北方部分地区的粮食供应主要取自南方，南方的粮食经海道运至直沽，再经河道运达大都。运往元都的漕粮，在至元、大德年间为百余万石，后来增至300余万石。元代岁运的最高额为350余万石。

元代在直沽河西务设都漕运使司，负责接受南来的粮食物资及所属各仓公务；在大都设立京畿都漕运使司，负责将前司接纳的粮食物资运赴大都各仓。

元朝朝廷对漕运管理非常严格。当时，朝廷规定，在漕运过程中如果损耗了漕粮，损耗由押运官员赔偿；如果船只翻沉，造成船民死亡时，则可免赔。

元朝朝廷为了寻找经济、安全的海运线路，从1282年起，海道漕运线路一共变更了3次。

第三次的线路是：从刘家港入海至崇明岛的三沙进入深海，北去经成山角折而西北行，经刘家岛、沙门岛过莱州湾抵达直沽海口。这一条新线路比较以前的线路短些，快些，顺风时10多天就可以到达。

此外，为了克服海道运输困难，元代海运机关接受船民的建议，在西暗沙嘴设置航标船，竖立标旗，指挥长江入海口的船只进出。后又接受船民的建议，在江阴的夏港、需沟等9处，设置标旗指引行船。

又在龙山庙前高筑土堆，土堆四周用石块砌垒；土堆上从每年4月中旬开始，白天高悬布幡，夜间悬点灯火，以指挥船只行驶。这收到了很好的效果。

元朝朝廷大规模地挖河造船，对促进经济发展无疑是有利的。总的讲来，元代的漕运是海运、河运并行而以海运为主。

在航行实践中，元代劳动人民在航途上树立航标，确立港口导航制，编出通俗的口诀，对水文和气象进行预测预报，为开发我国东部海域的航运做出了贡献。

同时，海运的开通和发展，加强了元代南北物资和文化的交流，促进了元代造船技术的提高和外贸事业的发展，沿海城镇也由此而繁荣，对元代的政治、经济和文化都产生过积极的作用。

知识点滴

漕运不仅促进了经济的发展，还促进了文学的发展。

相传，北宋文学家苏东坡，有一年从海南北返，他半袒上身，乘一叶扁舟，由后河入运河，驶向东水关。在通济桥河段，当地人同说大文豪苏东坡路经此地，万人争看。

苏东坡自觉快风活水，心旷神怡。

南宋抗元名将文天祥在乘船过常州弋桥时，留下了"苍天如可问，赤子果何辜。唇齿提封旧，抚膺三叹吁"的慨叹。

其实，志士文人在漕运河道上抒发情怀，这也是漕运文化的重要组成部分。

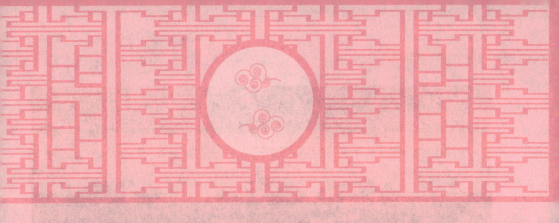

明清漕运及其制度

　　明代漕运发展到一个新阶段。这时征运漕粮的有南直隶、浙江、江西、湖广、河南和山东。

　　漕粮又按供应地区的不同区分为南粮和北粮。清代开凿中运河，改善了漕运条件，另外还制定了严格的漕运制度。

　　漕运的畅通，为明清两代商品经济的发展和东南地区的繁荣，直接或间接地起到了积极的作用。

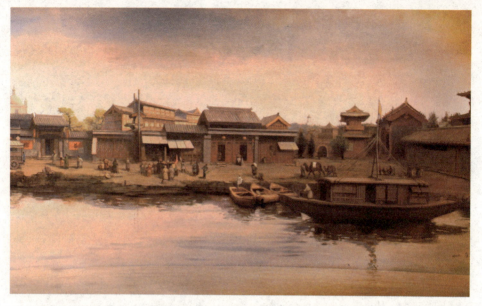

明代的漕粮主要征自南直隶和浙江，约占全国漕粮的60%。漕粮的数额，宣德年间最高时达到640万石，成化年间规定了岁运400万石的常额。在用途上，漕粮为京都、北边军饷，白粮供宫廷、宗人府及京官禄粮。

明朝朝廷初置京畿都漕运司，以漕运使主管。后废漕运使，置漕运府总兵官。1451年始设漕运总督，与总兵官同理漕政。漕府领卫军总共12.7万人，运船1.1万艘，另有海军7000人，海船350艘，专职漕粮运输，称为"运军"。

在地方，以府佐、院道和科道官吏及县总书等掌管本地漕事。朝廷户部和漕府派出专门官员主持各地军、民粮船的监兑和押运事宜。州县以下由粮长负责征收和解运。粮长下设解户和运夫，专供运役。

明代初期承元之故，以海运为主，河、陆兼运为辅。一由江入海，经直沽口至通州，或径往辽东；一由江入淮、黄河，自阳武县陆运至卫辉府，再由卫河运至蓟州。江南漕运，则由江、淮运至京师南京。以承运者而言，海运为军运，其余都是民运。雇运权是一种辅助形式。

永乐年间因迁都北京，粮食需求日增，而海运艰阻，于是整治大运河，即从杭州湾通往北京的漕河。其办法一是疏浚会通河，造漕船3000余艘，以资转运；二是在运河沿岸淮安、徐州、临清、德州和天津建置漕粮仓库，也称"水次仓"。

漕运方法历经改革后，在明代已经趋于完善，计有支运法、兑运法和改兑法。

支运法也叫"转运法"。由漕运总兵官陈瑄推行。规定各地漕粮就近运至淮、徐、临、德四仓，再由运军分段接运至通州、北京。一年转运4次。

农民参加运粮即免纳当年税粮，纳当年税粮则免除运粮，其运费计算在支运粮内。民运的比重约占支运的四五成。

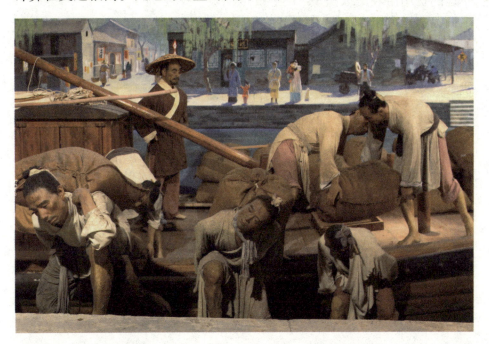

兑运法也是由陈瑄等推行。各地漕粮运至淮安和瓜州，兑与运军转运；河南于大名府小滩兑与遮洋总海运；山东则于济宁兑与军运。军运的费用由农民承担。

后来又定漕粮"加耗则例"，即按地区的远近计算运费，随正粮加耗征收，于兑粮时交给官军。起初兑运与支运并行，其后兑运渐居优势。

改兑法即长运法或直达法。由漕运都御史滕昭推行。由兑运的军官过江，径赴江南各州县水次交兑。免除农民运粮，但要增纳一项过江费用。淮安等四仓支运粮为改兑。自此，除白粮仍由民运外，普遍实行官军长运制度。

为维持漕运，明朝朝廷规定漕粮全征本色，不得减免，严格限制漕粮改折。只许在重灾、缺船或漕运受阻等严重情况下才实行部分的改折，折征时正、耗各项合计在内。

清朝朝廷为了确保漕运，对运道的疏通十分重视，采取了治黄兼顾治运的方针，这样，客观上给运河地区，特别是黄淮地区的水利事业带来一定的好处。

清代开凿了中运河。中运河原为发源于山东的泗水下游故河道，后为黄河所夺。中运河的开通，是清代一项重大水利工程，是清代南北漕运所必经的河段。它也是大运河的一部分。

清代漕运方法基本承明制，但又有下列名目：正兑米，运京仓粮，定额330万石；改兑米，运通州仓粮，定额70万石；折征，将漕粮折算成银，价银统归地丁项内，上报户部。

清代漕船数与编制稍异明代，一般以府、州为单位，10人一船，10船一帮，10船互保。总数1万多艘，而实际运于漕运的仅7000艘左右。每船装运量不得超过500石，另可装土产往返各口岸行销，后因运道淤塞而禁止。

清代后期实行官收官运，承运者是军籍中较殷实的军丁，也就是运丁。发运时每船配运军一名，运副一名，雇募水手9名至10名。各省运军水手多少不等，总数在10万名左右。

漕运最高长官为漕运总督，驻淮安。其下为各省粮道，共7人，掌本省粮储，辖所属军卫，遴选领运随帮官员，责成各府会齐、佥选运军等；坐守水次，监督、验明漕粮兑换，面交押运官，并随船

督行至淮安，呈总督盘验。

为确保漕运无误，清朝朝廷于淮安、济宁、天津、通州运河沿线设置巡漕御史，稽查本段漕运。此外，淮安淮北沿河置有镇道将领，以催促入境漕船前行；在镇江与瓜州的南漕枢纽处，由镇江道催促，同时由总兵官或副将巡视河岸，协同督促漕船过江。

清代在道光年间于上海设海运总局，天津设收兑局，并特调琦善等总办首次海运。漕船从黄浦江出发，经吴淞口东向大海，行2000余千米达天津收兑局验米交收。清朝朝廷特准商船载运免税货物20%往来贸易，调动了商船积极性。

晚清时期发生了一系列与漕运有关的事件，如商品贸易的发展及轮船和铁路交通逐渐兴起等，最终导致漕运的衰落。

知识点滴

清代漕粮征运制度极为严密而成熟。清代通过规模庞大的文册《户部漕运全书》，全面记载漕运制度。

《户部漕运全书》是御史夏之芳经钦定编纂的，内容涉及漕粮额征、征收事例、兑运事例、通漕运艘、督运职掌、选补官丁、官丁廪粮、计屯起运、漕运河道、随漕款项、京通粮储、截拨事例、采买搭运、奏销考成等，每一大项制度还包括多方面的子项。

全书的分类内容完全涵盖了漕运事务的各个方面，充分反映了清代漕运制度的全面和严密。

造船与航海

　　我们的祖先曾以其非凡的勇气和智慧走向了海洋，开辟了我国航海事业的先河。在这个过程中，我国古代的造船技术和航海技术，取得了令世界瞩目的成就，不仅对于古代社会经济的发展起了重要的作用，也促成了明代郑和下西洋的历史性壮举。

　　明代造船与航海技术的发展，将我国的造船与航海事业推向一个新的高峰。在这一有利的技术条件支持下，明代著名航海家郑和7次远渡重洋，促进了政治、经济与文化交流，在人类历史上产生了深远影响。

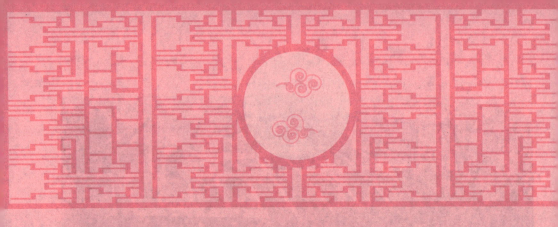

古代造船和航海技术

　　造船与航海是综合性的科学技术，涉及流体力学、材料力学、运动学、天文学、数学、磁学、地理学、气象学及制造工艺技术等广阔的领域。我们的祖先以其非凡的勇气和智慧，创造了先进的造船技术与航海技术，开辟了我国航海事业的先河。

　　在造船技术上，发明了船舵、水密隔舱和船体龙骨结构；在航海技术上，利用天文和地文进行航海。这些成就，都在很长一段时间内处于世界领先地位。

我国的造船史绵亘数千年，从远古就开始了。

早在新石器时期，我们的祖先就广泛使用了筏和独木舟。据考证，筏是舟船发明以前出现的第一种水上运载工具，是新石器时期我国东南部的百越人发明的。

秦汉时期，我国造船业的发展出现了第一个高峰。汉代出现的舵，是世界航海史的一项发明。广州西村皇帝岗西汉

古墓中出土的木质船模中，便已经发现了舵的存在。

舵是安装在船尾后操纵航向的装置。舵虽然是小小的装置，但它能使庞大的船体运转自如。其奥妙在于，航行中的船只，如果要向左转，就要将舵向左偏转一个角度，水流就在舵面上产生了一股压力，即舵压。舵压本身很小，但它距离船的转动中心较远，所以使船转动的力矩比较大，船首会相应地转向左方。

"舵"的发明是我国古代人民对世界造船史的一大贡献，它改写了世界航海事业的历史，为航海者进行远洋航行提供了关键的技术条件。

水密隔舱大约发明于唐代，宋以后在海船中被普遍采用，部分内河船也有采用。

所谓水密隔舱，就是用隔舱板把船舱分成互不相通的一个一个舱

区，舱数有13个的，也有8个的。这一船舶结构是我国在造船方面的一大发明，它具有多方面的优越性。

首先，由于舱与舱之间严密分开，在航行中，特别是在远洋航行中，即使有一两个舱区破损进水，水也不会流到其他舱区。从船的整体来看，仍然保持有相当的浮力，不致沉没。如果进水太多，船支撑不住，只要抛弃货物，减轻载重量，也不至于很快沉入海底。如果进水严重，也可以驶到就近的口或陆地进行修补。因此，水密隔舱既提高了船舶抗沉性，又增加了远航的安全保障。

其次，船上分舱，货物的装卸和管理比较方便。不同的货主可以同时在个别的舱区中装货和取货，提高了装卸的效率，又便于进行管理。另外，由于舱板跟船壳板紧密联结，起着加固船体的作用，不但增加了船舶整体的横向强度，而且取代了加设肋骨的工艺，使造船工艺简化。

我国古代船舶的龙骨结构是造船业中的一项重大发明，对世界船舶结构的发展产生了深远的影响。

我国古代航海技术同样取得了举世瞩目的成就，在天文航海技术和地文航海技术方面颇多创造。

天文航海技术主要是指在海上观测天体来决定船舶位置的各种方

法。我国古代出航海上，很早就知道观看天体来辨明方向。比如《淮南子》中就说过，如在大海中乘船而不知东方或西方，那观看北极星便明白了。

至元明时期，我国天文航海技术有了很大的发展，已能观测星的高度来定地理纬度。这是我国古代航海天文学的先驱。这种方法当时叫"牵星术"。牵星术的工具叫"牵星板"。

牵星板用优质的乌木制成。一共12块正方形木板，最大的一块每边长约24厘米，以下每块递减2厘米，最小的一块每边长约2厘米。另有用象牙制成一小方块，四角缺刻，缺刻四边的长度分别是上面所举最小一块边长的四分之一、二分之一、四分之三和八分之一。

比如用牵星板观测北极星，左手拿木板一端的中心，手臂伸直，眼看天空，木板的上边缘是北极星，下边缘是水平线，这样就可以测出所在地的北极星距水平的高度。求得北极星高度后，就可以计算出所在地的地理纬度。

我国古代航海者已经非常准确地掌握了季风规律，并利用季风的

更换规律进行航海。对于东南亚的太平洋航线来说，如有的古籍中说："船舶去以11月、12月，就北风；来以5月、6月，就南风。"

对于通往朝鲜、日本的东北亚航线，对季风的利用则正好相反。当然，海面上所刮的风并不单纯是季风，还有瞬息万变的各种气候。

因此，古代航海者总结了大量预测天气的经验，并巧妙地利用我国独特的风帆，即可以或降或转支的平式梯形斜帆，根据风向和风力大小进行调节，使船可驶八面风，保证了不论在何种风向下，都可以利用风力进行航行。其中，对于顶头风，南宋以后已发明了走"之"字形的调帆方法，就能逆风行船了。

我国古代地文航海技术的成就，包括航行仪器如航海罗盘、计程仪、测深仪的发明和创造，以及针路和海图的运用等。

航海罗盘是我国发明的。我国发明指南针后，很快使用到航海上。航海罗盘上定24向，我国汉代就有24向的记载。北宋地理学家沈括的地理图上也用到过24向。把罗盘360度分作24等分，相隔15度为一向，也叫"正针"。但在使用时还有缝针，缝针是两正针夹缝间的一向，因此航海罗盘就有48向。大约南宋时已有48向的发明了。

48向的每向间隔是7.3度，这要比西方的32向罗盘在定向时精确得多。关于32向的罗盘知识在明末虽从西方传进来，但是我国航海家一直用我国固有的航海罗盘。

计程仪又叫"测程仪"。三国时期吴国海船航行到南海一带去，有人写过《南州异物志》一书，书中有这样的记载：

在船头上把一木片投入海中，然后从船首向船尾快跑，看木片是否同时到达，以此来测算航速航程。

这是计程仪的雏形。直至明代还是用这个方法，不过操作方法更为具体。

我国迟至唐代末年已有测深的设备。一种是"下钩"测深，一种是"以绳结铁"测深。深度达20多米，这还是浅水测深。再稍晚一些，有记载说用纲下水测深，"纲长50余丈，才及水底。"纲是大绳，50多丈，这已是深水测深了。

南宋末年吴自牧的《梦粱录》上说："如果航海到外国做买卖，从泉州便可出洋。经过七洲洋，'船上测水深约有七十余丈'。"当时测水这样深，可见我国宋代已经有比较熟练的深水测深技术了。

宋代已经有针路的设计。航海中主要是用指南针引路，所以叫作"针路"。有的古籍中叫"针经"，或"针谱""针策"。凡是针路一般都必写明某地开船、航向、航程和船到某地等。

至于海图，北宋徐兢《宣和奉使高丽图经》上已有海道图，这是我国航海海图最早的记载。我国现存最早的海道图是明代初期《海道经》里附刻的《海道指南图》。

明末时期有些古籍注明海上危险物，比如"有草屿""有芦荻"等，还有浅滩、暗礁、沙州以及岩石的记载。这些和近代海图上的要求大致符合。

上述这些造船技术和航海技术，在明代得到了进一步完善和充分运用。这就从物质技术方面为明代的郑和下西洋创造了必要的条件。

知识点滴

法显是我国历史上第一位到海外取经求法的大师，杰出的旅行家和翻译家。东晋时期，法显从印度搭船回国，几经换乘才回到祖国。

回来后他说，当时在海上见"大海弥漫，无边无际，不知东西，只有观看太阳、月亮和星辰而进"。直至北宋以前，航海中还是"夜间看星星，白天看太阳"。

从北宋开始，在航海技术中加了一条"在阴天看指南针"。自从指南针被用于航海，在海上航行的人们就再也不会像法显那样"不知东西"了。

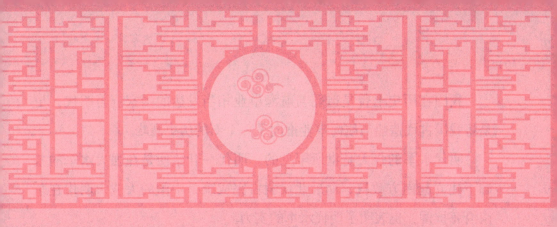

郑和远航的技术条件

明代造船技术取得重大突破，如船舶体积增大和配套设施齐全，郑和下西洋所用的船，在当时世界上是最先进的。同时，航海技术也日趋成熟，尤其是天文和地文航海技术的运用，将我国古代航海技术又向前推进了一大步。

正是因为明代具备了先进的造船技术与航海技术，才会有郑和7次下西洋的远航壮举。

郑和出海远航，打通了从我国到印度洋、红海及东非的航道，提高了我国人民的航海技术，开辟了我国和世界航海史新纪元。

　　我国在历史上曾是造船与航海事业相当发达的国家。至明代，更是将我国古代造船与航海事业推向了一个新的历史高峰。

　　明代水军的强大是世所罕见的。明代一开始便是在强大水军的基础下建立起南方政权，而后北伐蒙古完成统一中国的大业。明代在东南沿海抗倭，也表明了明代水军的实力。

　　而郑和七次下西洋，更加证明了明代造船技术的成熟与先进。

　　明代先进的造船技术，突出表现在航海船舶体积的增大上，比如郑和下西洋的宝船船长约138米，宽约56米。这种巨型海船，莫说我国历史上亘古未有，即使在当时世界上也是首屈一指、无与伦比的，它是中世纪我国造船业在全世界遥遥领先的明证。

　　据一些考古的新发现和古书上的记载，明代造船的工厂分布之广、规模之大、配套之全，是历史上空前的，达到了我国古代造船史上的最高水平。

　　明代主要的造船场有南京龙江宝船厂、淮南清江船厂等，它们的

规模都很大。其中的南京龙江宝船厂，就是当时大规模的造船基地和停泊中心之一。

明代初年，龙江宝船厂的规模很大。它位于今南京市西北三汊河附近的中保村一带。迄今这里还留有"上四坞""下四坞"水塘和水道。它们与长江的夹江相通，便于宝船下水。

造船工厂有与之配套的手工业工厂，加工帆篷、绳索、铁钉等零部件，还有木材、桐漆、麻类等的堆放仓库。当时造船材料的验收，以及船只的修造和交付等，也都有一套严格的管理制度。

福建长乐太平港，是当时郑和下西洋的基地港，郑和的船队每次都在这里驻泊，修缮船舶，选招随员，候风开洋。上述造船基地和大港，在当时世界上是绝无仅有的。

建造巨型海船，必须成功地解决抗沉性、稳定性等问题。郑和宝船的设计者按前人的传统经验，将船体宽度加至56米，从而避免了因船身过于狭长而经不起印度洋惊涛骇浪的冲击发生断裂的危险。

这样的船体结构设计，是相当合理的。为了保证56米船宽那样大幅度的横向强度，增强船的抗沉性和稳定性，增强纵摇的承压力，舱内采用水密舱壁，并在每道隔梁间做好连接，又与船肋骨紧密结合在一起，从而解决了板材及纵向构造的连接问题。

现代有学者根据宝船的尺度，根据船体强度理论研究，推算出为承受纵向总弯曲力矩，船底板和甲板的厚度分别约为340毫米和380毫米。这是一个惊人的结论！然而却是活生生的历史事实。它告诉人们，只有用这样厚的板材建造长138米，宽56米的巨船，船体强度才能得到保证。

明代的造船技术在宋元的基础上有了长足发展。福建省泉州出土的宋船曾采用榫接、铁钉加固、船板缝隙中填塞黏合物的办法，来保证船的坚固性和水密性。宋代这种先进的造船工艺，必然为郑和远航时的造船师所承袭并得到一定程度的发展。

明代的航海技术更加成熟。郑和下西洋的船队，将天文导航、罗盘导航、陆标导航、测量水深和底质等导航手段结合起来，从而使航海技术又向前大大发展了一步。

比如在近海航行时，把陆标与罗盘相结合，《郑和航海图》指出：以吴淞江为陆标，用罗盘时刻校正船的航向，使之与吴淞江保持平行。

这种航海技术，在当时世界上是很先进的。印度洋上的外国航海家们，直至15世纪末还是靠观察南半球南极星同其他星宿高度的简单仪器来定航行方位。

明代航海术的又一重大成果，是《郑和航海图》的绘制。《郑和航海图》原名《自宝船厂开船从龙江关出水直抵外国诸番图》，是我国地图学史上最早的海图。

全图以南京为起点，最远到位于南纬4度左右的东非，所收亚非两洲地名达500多个，其中亚非诸国约占300个。因此，它又是15世纪以前我国记载亚非两洲的内容最丰富的地理图籍。

《郑和航海图》使用我国传统的山水画法，配上所记的针路和过洋牵星图。用今天的海图对照，人们发现它相当准确，它记录的航向、航程、停泊港口、暗礁、浅滩的分布也相当详尽。

沈㷆是嘉靖年间监督造船事宜的地方官员。当时造船、修船采取领料包工制度。为杜绝舞弊浪费，他考察了24种船的构造、工序、用料等，详细记录并稽考文献，撰成《南船纪》。

书中叙述了黄船、战巡船、后湖金水河船、快船、裁革船五大类24种，每种船均用文字说明其形制、尺度、用料、用工。还记述明代造船的工料和管理等。

《南船纪》详细记载了明代造船技术，不失为非物质文化遗产传统技艺的实物载体。

知识点滴

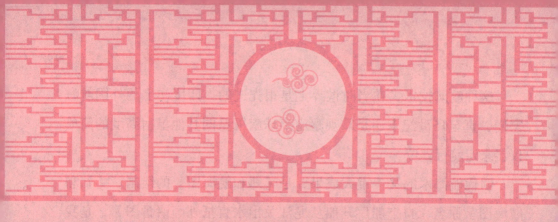

郑和船队编制情况

　　郑和下西洋时拥有一支规模庞大的船队，完全是按照海上航行和军事组织进行编成的，在当时世界上堪称一支实力雄厚的海上机动编队。

　　郑和船队的编队人数众多，船员海航经验丰富，船只种类齐全，船队分工井然有序，船队队形合理，组织指挥与通讯联络完备。是一支航海技术全面，工作效率高的船队。

郑和下西洋船队，是根据海上航行和担负的任务，采用军事组织形式组建的。郑和下西洋的人数众多，每次人数都在2.7万人以上。

航海人数的多少，反映了一种实力，尤其是在古代社会，它需要各方面物质保障。郑和船队能组织起这样的人数，反映了明代军事组织的实力。

随郑和下西洋的穆斯林，是郑和船队中的重要随员。他们都在航海事业中做出了很可贵的贡献。

马欢是浙江会稽人，回族。因才干优越，通晓阿拉伯语，以通译番书的身份，先后随郑和进行了第四、第六和第七次3次远航。他编写的《瀛涯胜览》，记述了占城、爪哇等国的疆域地理、风俗物产及历史沿革，为这几次远航留下了珍贵的文字资料。

据《瀛涯胜览》记载，郑和在第七次下西洋时，曾选差懂阿拉伯语的7个通事，带麝香、瓷器等物到麦加，往返一年，买得各色异宝，并画《天堂图》真本回京。麦加国王也差使臣将方物献给明朝朝廷。

郑和所率领的船队是一支特混舰队，最多时有200多艘，是15世纪世界上最大和最完备的船队。船队的船舶种类大致可分为宝船、马船、粮船、坐船、战船和水船6种。

宝船是船队中最大的最主要的船舶，相当于当今旗舰或主力舰，为领导成员和外国使者所乘坐，为船队的核心。

马船又称"马快船"，是大型快速水战与运输马匹等军需物资的兼用船。

粮船主要用于运输船队所需粮食和后勤供应物品，使船队沿途能得到充分的补给，相当于今日的生活补给船。

坐船全称"战座船"，是船队中的大型护航主力战船，为军事指挥人员及幕僚乘坐。也可作为分遣护航舰队中的指挥船。

战船船型比坐船小，为专任护航和作战之用。

水船为专门贮藏、运载淡水用的辅助船。

作为一个载有2.7万多人的船队，必须有严密的编制、科学的分工与管制，才能严整有序。

据《瀛涯胜览》记载，郑和第四次下西洋时，其船队人员有：官校、旗军、勇士、通事、民梢、买办、书手，通计2.767万人。

这里所记的，侧重于领导管理人员。而祝允明在《前闻记》中"下西洋"条所记的随行人员，则侧重航行技术人员的分工，计有官校、旗军、火长、舵工、班碇手、通事、办

事、书算手、医士、铁锚、搭材等匠，水手、民梢人等。

郑和船队的编队，有大队和分队之分。大队，即指全部船队的编队，分队是指部分船舶的编队。明代船舶编队一般以5艘至10艘为一队。大队与分队的编队方法是比较灵活的，既可分，又可合，可在同一时间内分赴各地进行活动。

至于郑和船队的具体队形，在我国一般史料中未记载，而仅在《三宝太监西洋记》中有所述及，摘录如下：

> 每日行船，以4艘"帅"字号船为中军帐；以宝船32艘为中军营，环绕帐外；以坐船300号，分前后左右4营环绕中军营外。以战船45号为前哨，出前营之前，以马船100号实其后，以战船45号为左哨，列于左，人字一撇撒开去，如鸟舒左翼；以粮船60号，从前哨尾起，斜曳开列到左哨头止；又以马船100号副于中；以战船45号为右哨，列于右，人字一捺捺开去，如鸟舒右翼。

这种船队由"帅"字号船组成的中军帐，处于队形的核心，能环视周围各船队形，便于实施统一指挥。它优于单一队形，如单纵队、双纵队或单横队队形，避免了队形过长或过宽，首尾、左右不能相顾的缺陷。

由当代历史学家张维华主编的《郑和下西洋》一书中有一编队示意图，酷似一个"贵"字形。这种队形与现代舰船的大型编队的航行序列卫幕队形很相似。

队形最前方有前卫组成"人"字队或雁行队，主力舰在大本营居中，相当于中军帐。左右翼有展开的方位队，如鸟之舒两翼，大本营的主力舰周围还有卫幕舰任保卫、警戒之责。舰队的尾翼也有护卫舰警戒。

船队的前后左右均有战船形成卫幕，有利于保卫中军帐及辅助船的安全。遇有战斗情况，位于四周的卫幕舰船易于展开迎敌。

当遇有敌舰从队后来袭时，只要各船根据统一令，原地调头，首雁形分为燕尾形，原来的后燕尾开变换为首雁形队，可使整个编队迅速转成180度，以迎敌。

指挥一个庞大的特混编队的行动和通讯联络是密不可分的。在没有无线电通讯手段的15世纪，所能用的海上通讯手段只有视觉通讯和听觉通讯，也就是靠旗、

灯和音响信号。从中军帐的帅船到外围的卫幕船，欲通畅无阻地传递信号，必须有严密的组织和严肃的纪律。

据《西洋记》记载，郑和船队的通讯手段是："昼行认旗帜，夜行认灯笼，务在前后相继，左右相挽，不致疏虞，如遇敢有故纵，违误军情，因而偾事者，即时枭首示众。"可见通讯联络纪律的严明。

明代船队在夜航中以灯光为号，则是常见的。各船以灯火为号，中军船放起3支火把，一盏悬灯。其余四方各营的情况是：前营船平列悬灯两盏；左营悬灯两盏，各桅一盏；右营大、小各平列悬灯两盏，后营两盏，一高一低，以便于识别各船所在的阵位。

如遇有雾、雨、雪等不良能见度时，则用音响信号进行联络。如配有大铜锣、小锣、大更鼓、小鼓等物件。

除作为作战指挥用之外，还可用于传达号令和信息，以便在能见度不佳时，保持有效的联络。除锣、鼓之外，还有喇叭和螺号也用于通讯联系。

即使天气良好时，音响信号也有其专司的内容。如前进、后退、

举炊、集合、起碇、升帆、抛锚等活动，便皆以音响信号指挥。

严密的组织和严格的纪律，使郑和船队顺利实现了七下西洋的宏伟目标，为我国航海史写下了光辉的一页。

知识点滴

郑和下西洋的船队，人员数量众多，船员的海航经验丰富，分工合理，船只种类齐全，而且具有有效的组织指挥与通讯联络系统，因而被很多外国学者称作是特混舰队，郑和是海军司令或海军统帅。

著名的国际学者，英国的李约瑟博士，在全面分析了这一时期的世界历史之后，他得出了这样一个结论：

"明代海军在历史上可能比任何亚洲国家都出色，甚至同时代的任何欧洲国家，以致所有欧洲国家联合起来，可以说都无法与明代海军匹敌。"

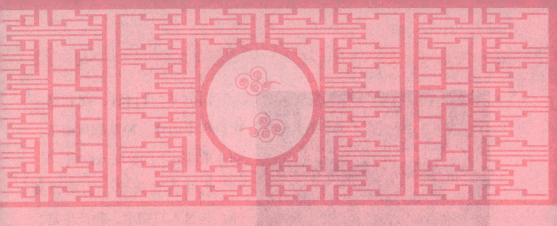

郑和七次远渡重洋

　　从1405年至1433年，郑和先后7次远渡重洋。曾到达过爪哇、苏门答腊、真腊、暹罗、阿丹、天方、左法尔、忽鲁谟斯、木骨都束等30多个国家，最远曾达非洲东海岸，红海、麦加。

　　郑和七下西洋，成为大航海时代的先驱。他不仅发展了我国与亚非国家的海上交通，而且对发展我国与亚洲各国政治、经济和文化上友好关系，做出了巨大贡献，他的事迹光耀千古，推动了人类文明。

1405年7月11日，郑和第一次启程下西洋。船队顺风南下，到达爪哇岛上的麻喏八歇国。

爪哇古名阇婆，为南洋要冲，这里人口稠密，物产丰富，商业发达。当时，爪哇岛上的东王、西王正在打内战。郑和船队的人员上岸到集市上做生意，被西王麻喏八歇王误杀计170人。"爪哇事件"发生后，西王十分惧怕，派使者谢罪，要赔偿6万两黄金以赎罪。

郑和得知是一场误杀，鉴于西王诚恐，于是禀明朝廷，力主化干戈为玉帛。明王朝放弃了麻喏八歇国的赔偿，西王知道后，十分感动，两国和睦相处。

1407年10月13日，郑和回国后，立即进行第二次远航准备，主要是送外国使节回国。这次出访所到国家有占城、渤尼、暹罗、真腊、爪哇、满剌加、锡兰、柯枝、古里等。到锡兰时郑和船队向有关佛寺布施了金、银、丝绢、香油等。1409年夏，郑和船队回国。

郑和第三次下西洋始于1409年10月。船队从太仓刘家港起航，11月到福建长乐太平港驻泊。同年12月从福建五虎门出洋，经过10昼夜到达占城，后派出一支船队从占城直接驶向暹罗。

郑和船队离开占城又至真腊，然后顺风到了爪哇、淡马锡，即今天的新加坡、满剌加。在满剌加建造仓库，下西洋所需的钱粮货物，都存放在仓库里以备使用。郑和船队去各国的船只，返航时都在这里聚集，装点货物等候南风开航回国。郑和船队从满剌加开航，经阿鲁、苏门答腊、南巫里到锡兰，于1411年7月6日，回到了祖国。

1412年12月18日，朝廷令郑和进行规模更大的一次远航。这是郑和第四次下西洋。这次开航首先到达占城，后率大船队驶往爪哇、旧港、满剌加、阿鲁、苏门答腊。又从苏门答腊派分队到溜山，就是现在的马尔代夫群岛。而大船队从苏门答腊驶向锡兰。

在锡兰，郑和再次派分船队到加异勒，而大船队驶向古里，再由古里直航忽鲁谟斯阿巴斯港格什姆岛。这里是东西方之间进行商业往来的重要都会。郑和船队由此起航回国，途经溜山国。

1415年8月12日，郑和船队回国。这次航行，郑和船队跨越印度洋到达了波斯湾。

1417年6月，郑和第五次下西洋。这次是奉朝廷之命送来华的19国使臣回国。

郑和船队首先到达占城，然后到爪哇、彭亨、锡兰、沙里湾尼、柯枝、古里。船队到达锡兰时郑和派一支船队驶向溜山，然后由溜山西行到达非洲东海岸的木骨都束、麻林。

大船队到古里分成两支，一支船队驶向阿拉伯半岛的祖法儿、阿丹和剌撒，即今也门民主共和国境内，一支船队直达忽鲁谟斯。

1419年8月8日，郑和船队回国。

1421年3月3日，郑和第六次下西洋。这次是奉明成祖朱棣之命送来华的16国使臣回国。这次到达国家及地区有：占城、暹罗、古里、锡兰山、溜山、苏门答腊、阿鲁、满剌加、甘巴里、幔八萨。

1422年9月3日，郑和船队回国。随船来访的有暹罗、苏门答腊和阿丹等国使节。

1430年6月29日，明宣宗朱瞻基命郑和又一次出使西洋。

宝船从龙江关出水，集结于刘家港。经占城、爪哇的苏鲁马益、苏门答腊、古里，向南到达非洲南端接近莫桑比克海峡，然后返航。当船队航行至古里附近时，郑和因劳累过度一病不起，于1433年初春在印度西海岸古里逝世。船队由王景弘率领返航，回到太仓刘家港。

1433年7月22日，郑和船队回到南京。

知识点滴

郑和第一次下西洋到达爪哇岛上的麻喏八歇国时，曾经和平处理一起误杀事件。后来的许多印尼的学者都认为，郑和舰队是当时世界上最强大的海上特混舰队。

当两国发生冲突时，郑和仍能保持极大的克制，委曲求全，以理服人，化干戈为玉帛，表现出明王朝对邻国的和平共处，睦邻友好的愿望。

时至今日，爪哇岛的人谈及此事，都十分敬佩，说郑和对各国不论强弱亲疏，平等对待，一视同仁。

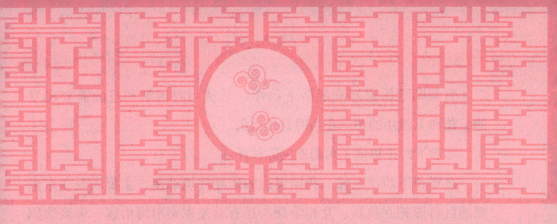

郑和下西洋的意义

郑和下西洋是一种国家行为，而他的船队则是一支强大的战略力量，使我国的海军纵横大洋，实现了万国朝贡。从当时的情形来看，对巩固明代的统治地位起到了一定意义。

这是我国古代历史上最后一件世界性的盛举，从此，再没有此类伟大的壮举了。郑和已经随着时间的推移演化成为一种精神，那就是冒险与探索，传播和平与文化。总之，郑和是中华民族的航海英雄，他的功绩永垂千古。

郑和下西洋五八〇周年 一四〇五—一九八五

明朝朝廷派遣郑和船队下西洋，是从当时国家利益的需要出发的，郑和下西洋的功绩在当时是伟大的。

郑和下西洋稳定了东南亚国际秩序。

在郑和下西洋之前，我国周边的国际环境动荡，主要表现在东南亚地区各国相互猜疑，互相争夺。还有就是东南沿海倭寇、海盗的猖獗。这些不稳定的因素，一方面极大影响了明代的国际形象；一方面直接影响我国南部的安全。

在这种形势下，明朝朝廷采取了"内安华夏，外抚四夷，一视同仁，共享太平"的和平外交政策，派遣郑和率领船队下西洋，试图建立一个长期稳定的国际环境，提高明王朝的国际威望。

郑和下西洋调解矛盾，平息冲突，消除隔阂。有利于周边的稳定，维护了东南亚、南亚地区稳定和海上安全，提高了明代的声望。同时，震慑和打击了倭寇、海盗的嚣张气焰。

郑和下西洋的使命

主要是政治目的，同时也带有一定的经济目的。郑和船队在下西洋过程中展开许多贸易活动，主要有朝贡贸易、官方贸易和民间贸易3种形式。

朝贡贸易是郑和下西洋贸易活动的基本形式，带有封建宗主国的性质。它通过这种形式获得这些小国对明代宗主地位的认可，这是朝贡贸易的政治目的。

官方贸易是郑和下西洋的重要内容，它是在双方官方

主持下与当地商人进行交易，是明代扩大海外贸易的重要途径。郑和船队除了装载赏赐用的礼品外，还有我国的货物，如铜钱、丝绸、瓷器、铁器等。这种贸易可以用明代铜钱买卖，多数以货易货。

民间贸易是在郑和下西洋贸易活动的带动下出现的。当时的东南亚百姓对我国丝绸、瓷器、工具非常喜欢，郑和船队一到都争先恐后地划船或到码头交易，有的还请官兵到当地的集市设摊交易。

郑和下西洋不仅对当时的明王朝建立了不朽功勋，也对海洋事业产生了深远影响。既把我国古代的海洋事业推向发展高峰，也对人类的海洋文明作出了重要贡献。

郑和对西太平洋和印度洋进行了一些海洋考察，收集和掌握了许多海洋科学数据。这无疑有利于扩大海外交通和贸易范围。

在航海过程中，郑和船队综合应用了天文和地理导航手段，其中有多项技术在当时世界上是很先进的。

郑和下西洋开辟了亚非的洲际航线，为西方大航海时代的到来铺平了亚非航路。比如葡萄牙航海家就曾经沿着郑和船队开辟的航线顺利到达了印度。

郑和下西洋所到之处，不仅进行海外贸易，还传播先进的我国的文化，在中外文化交流史上写下了新的篇章。诸如中华礼仪和儒家思想、历法和度量衡制度、农业技术、制造技术、建筑雕刻技术、医术、航海造船技术等。

郑和下西洋在海洋事业上还有许多贡献。郑和的功绩是辉煌的，它属于我国，也属于世界。

知识点滴

郑和下西洋期间，曾经在所到之处广泛开展民间贸易活动。这种贸易活动有许多有趣的故事，其中最有影响的是击掌定价法。

在印度古里国，郑和船队到达后，由当地的代理人负责交易事宜，将货物带到交易场所。双方在官员主持下当面议价定价，一旦定下，绝不反悔，双方互相击掌表示成交。这种友好的贸易方式，在当地传为美谈。

郑和的后几次下西洋，贸易规模不断扩大。因为当时实行平等自愿等价交换，所以具备了国际贸易的一些基本原则。